中原大學・大師系列

Chung Yuan Christian University · Masterpieces Series

Leo G. Perdue on Ecclesiastes

中原大學・大師系列 6

柏杜論智慧神學

柏杜 著／曾慶豹 策劃／劉澤佳、譚浚明 譯

▼

中原大學．大師系列

柏杜論智慧神學

Leo G. Perdue on Ecclesiastes

作者
柏杜
Leo G. Perdue

系列策劃
曾慶豹

翻譯
劉澤佳、譚浚明

執行編輯
江程輝

裝幀設計
奇文雲海．設計顧問

■

出版／發行
基道出版社
香港沙田火炭坳背灣街26號富騰工業中心1011室
LOGOS PUBLISHERS
Unit 1011, Fo Tan Ind. Centre, 26 Au Pui Wan St., Shatin, Hong Kong
電話：(852) 2687-0331　傳真：(852) 2687-0281
網址：http://www.logos.com.hk

承印
海洋印務有限公司

●

7/2012 初版
Cat. No. LP182
ISBN: 978-962-457-443-2
此系列叢書之出版在中原大學特色研究領域計劃中進行

刷次	10	9	8	7	6	5	4	3	2	1
年份	2021	2020	2019	2018	2017	2016	2015	2014	2013	2012

總序

中原大學為一所具基督教精神的大學，在宗教研究領域方面朝以基督教學術研究為主。我們除了出版國際學術期刊和主辦國際學術會議，近年來又以中原大學名義邀請之歐美著名學者相繼到訪，包括神學家、聖經學家、哲學家、社會學家等等，與我們分享了他們的智慧與思想，拉近了與我們的距離，也把我們帶到世界的舞台。

本系列叢書之構想，主要是集結大師的精要論著和小篇幅的作品予以出版，且輔以簡略地介紹大師的專文，讓讀者可以在文本的世界裏繼續與大師會晤，走進大師，走向他們平易近人的思想世界。

本叢書為中原大學宗教研究所和香港基道出版社

合作出版，我們願與各位分享大師的智慧，並誠懇地邀請諸位，一同參與大師的文字饗宴。

曾慶豹

前言

柏杜（Leo G. Perdue）是一位著名的舊約或希伯來聖經研究學者和神學家，他在研究領域投入了極大的精力，除了慣常性的教學、著書和編書工作以外，還組織相關的課題討論羣體，以及翻譯德語學界的聖經研究著作。近日他的健康受到嚴峻的考驗，恐怕與他的奮力與過勞有關。

柏杜於二〇一〇年五月受邀到訪台灣，於中原大學宗教研究所進行一系列的講座，主題是「智慧神學中的上帝」（Imagining God in the Wisdom Theology），分別的講次和題目包括：「聖經神學中的上帝」、「上帝和女性的智慧：箴言中的上帝」、「旋風中的聲音：約伯記中的上帝」；另外，又分別在台灣神學院和政治大學宗教研究所主講「傳道書中的上帝」和「昆蘭文獻中的上帝」。本書只收錄了柏杜此行的三篇論稿。

柏杜此行給我們完整地注現了智慧書的歷史脈絡和相關的情境，多方面地考察了這些文本鎔鑄其思想內容的物質條件或元素。我們可以從他的分析中看到，這些智慧文學作品何以能夠不斷地回應那持繼變遷的歷史和社會環境。柏杜的結論即在於，原來這些作品乃立基於創造論的神學傳統，而這傳統並不全然像我們以往過分地側重的，只有救恩史和終末論的面向，它其實亦包含了對我們身處的環境與社會的關注，以及對正義與公平的追求。這即是柏杜在本書中最為精湛的論點所在，希望讀者可以分享到他的智慧。

在本書的編輯出版過程中，我們都發覺到柏杜的文章非常的難於翻譯，主要是因為他為我們講述了非常多的歷史背景和材料，這些材料都是我們極為陌生和少見的。過往，我們大多從哲理的面向來理解智慧文學，但柏杜卻為我們打開了其中的歷史視野，讓我們得以從另一角度解讀智慧詩歌書。因此，我們在編輯出版這些譯稿時，花費了非常多的精力，基道出版社的編輯江程輝為此書付出了非常多的時間。本人必須在此坦言，在譯文方面有許多不盡人意之處，這一切相信讀者會給我們最為公允和誠實的指正。關於這方面，還請原諒，我們已盡了最大的努力，希望這本書對華人讀者而言，可以為此領域增益理解，這是編者和出版社最大的心願。

本計劃乃是在中原大學特色研究領域的補助計劃下進行，另承行政院國家科學委員會的資助，也特別感謝台灣神學院林鴻信教授、政治大學蔡彥仁所長和黃柏祺教授的支持。當然，更要感謝謝品然教授在這次柏杜之行中的陪同和協助。謝教授與柏杜同為這個領域的專家，他們二人在學術上的互動也為幾次的演講增色不少。

最後，在此預告柏杜的一本代表作《歷史的崩潰：重構舊約神學》(*The Collapse of History: Reconstructing Old Testament Theology*)已敦請專家進行翻譯中，這本柏杜極負盛名的聖經神學方法論之作的中譯本出版，將會讓我們對此領域以及柏杜的學術貢獻有更深的認識，也希望以此中譯本作為對他在病榻中最大的鼓勵和安慰。

曾慶豹

作者簡介

智慧的「孤寂」正如箴言所錄：「智慧在街市上呼喊，在廣場上高聲吶喊，在熱鬧街頭呼叫，在城門口，在城中，發出言語……你們不聽，我招手，無人理會。你們忽視我一切的勸戒，拒聽我的責備。」（箴一20～21、24～25）在一九七〇年，舊約學者克里德（James Crenshaw）指出，舊約智慧文學宛如「遺棄的孤兒」不受到舊約經學者的重視，並呼籲學界關注舊約智慧文學的研究和發展。至今，歷經了四十多年的研究發展，在舊約經學研究中，她——智慧文學和智慧神學——從邊緣到核心，成為整合舊約思想的核心元素，亦是舊約神學的核心主題，甚至還是創造神學的基礎。

事實上，智慧的「想像」正如她在創造中的作為和治國的功能（箴八 15～31），更是「成家立業」所不可或缺的基本要素（箴三十一 10～31）。智慧的想像，就是對上帝的想像！

從希伯來智慧文學中遂卷的解讀以開展對上帝的想像，正是柏杜（Leo G. Perdue）在一系列的希伯來智慧文學講座中試圖建構的一個重要的聖經神學主題。

柏杜給希伯來經學研究的貢獻是在於他勇於作新的嘗試，以其深厚的傳統舊約經學修養，結合現代及當代的文本詮釋批判理論，重新檢視傳統對舊約神學理解的缺陷和盲點，為原是「孤兒」的舊約智慧文學重新定位，並重新建構智慧神學與舊約神學，使智慧神學立足於舊約神學的整全架構中。

柏杜對希伯來智慧文學的深入研究始於七十年代，他積極的回應舊約學界普遍把希伯來智慧文學邊緣化的現象。經過四十多年的希伯來智慧文學研究，柏杜出版及編輯過多部重要著作。早期著作如*Wisdom and Cult*（1977）、*Wisdom in Revolt*（1991）和 *In Search of Wisdom: Essays in Memory of John G. Gammie*（1993）。一九九四年，他以《智慧與創造：智慧文學的神學》（*Wisdom and Creation: The Theology of Wisdom Literature*；

2009 年再版）首次從聖經神學的角度解讀智慧文學的神學；之後二○○七年再出版《智慧文學：一個神學歷史》（*Wisdom Literature: A Theological History*）。

除了重視舊約智慧文學的研究，柏杜的另一重要嘗試是開展舊約神學的研究方向。在一九九四年，他出版的《歷史的崩潰：重構舊約神學》（*The Collapse of History: Reconstructing Old Testament Theology*）可算是揭開序幕，正式把當代詮釋批判理論應用在聖經文本的詮釋，再進而建構新的舊約神學走向。二○○五年，他以《重構舊約神學：在歷史崩潰之後》（*Reconstructing Old Testament Theology: After the Collapse of History*）嘗試在新文本解讀理論衝擊下所帶來對舊約經學的新理解之中，探索舊約神學的新方向，可惜卻有點力不從心。

二○○九年，他以總主編及舊約主編身分策劃「聖經神學叢書系列」並邀來重量級專家撰寫，至今已出版了《聖經神學叢書：聖經神學》（Library of Biblical Theology, *Biblical Theology: Introducing the Conversation*, 2009）、《舊約神學導論》（Walter Brueggemann, *Old Testament Theology: An Introduction*, 2008）、《新約神學導論》（James D. G. Dunn, *New Testament Theology: An

Introduction, 2009）。柏杜也藉著翻譯德語學術著作，把不少重要的德語著作推介給英語世界的讀者；其中包括《舊約神學》（Horst Dietrich Preuß）及《聖經詮釋史（第一、四冊）》（Hanning Graf Reventlow）。

近年來，柏杜的舊約研究方向明顯地轉移至「後殖民理論」對經學文本解讀的現代意義；其中可見於他在二〇〇八年出版的《利劍與筆鋒：初論帝國時代的智慧》（*The Sword and Stylus: An Introduction to Wisdom in the Age of Empires*）一書，該書正是將智慧文學置於後殖民理論的解讀文本之中。

智慧文學/智慧神學、舊約神學/聖經神學、文本詮釋學/當代詮釋批判理論（後殖民批判理論），三者的互涉和綜合，可算是柏杜的舊約研究的特色和貢獻。近聞這位舉足輕重的神學家的健康出了狀況，嚴重地影響了他的研究和寫作，祈願他能盡快的恢復健康，以完成他重要的學術任務和努力。

謝品然

目錄

左起：謝品然博士、柏杜教授、曾慶豹博士（攝於中原大學「智慧神學中的上帝：Leo G. Perdue 訪台系列演講」）

柏杜教授與謝品然博士攝於會議後

1

聖經神學中的上帝*

劉澤佳 譯

* 本文乃二〇一〇年五月二十四日的中原大學「智慧神學中的上帝：Leo G. Perdue 訪台系列演講」中的部分講稿。

想像是那敢於冒險的聲音。如果有甚麼是與上帝相稱的，那麼，想像就是如此。他敢於想像所有事物。

密勒（Henry Miller）

一　導論

有一個區域是從比喻、詩文、敍事神學（narrative theology）與聖經故事的討論中形成的，並促成聖經研究及當代詮釋學的另一進路；這區域就是想像的神學（theology of imagination）。在方法論上，我們透過各種學科的影響，包括哲學（特別是知識論）、語言學、現象學、心理學與文學，努力的去定義與描繪想像的那些重要特徵。

想像的定義

我會以對想像作定義的嘗試作為開始，然後再對想像進行描述；這任務既簡單卻又非常複雜。簡單的說，想像是在人類心靈中，那創造基本形象的能力。[1] 它是那構成心理形象的人類心理力量（意識〔conscious〕與潛意識〔unconscious〕），是直接地（immediately）或間接地（indirectly）得自於感知或知覺，從而導向對意義的獲取。[2] 在其跟知識論（經驗、感知與直觀〔intuition〕）與宇宙論（特別是世界觀的建構與確證）的關係中，想像會涉及在較為一般的能力中，為感官所感知到的經驗進行排序及分類；也會涉及在那更具創造性的能力中，以非常獨特與引發性（provocative）的方式去重新描述實在（reality）。在這兩個範圍的意義中，想像是感知與思想、或是感覺與概念之間的橋梁。[3]

至少，在以下的討論的使用中，想像的特徵與本質都不能被等同於幻想；在這裏，幻想是指那些完全是虛構的，而且多半不是真實的事物。一般類型的想像，在那非扭曲的感官知覺的規限內，以及理性分析的正常規則下運作，並且關聯於經驗。然而，愈是具想像力的創造類型，卻愈不受常規與正統（orthodoxy）所限制，因為心靈企圖創造或重塑新的實在，以提供或開啟那人類生命與熱情的重新導向的可能性。[4] 那突破傳統意義或形象的界線與定見的創造性想像（creative imagination）類型，跟全然的幻想（sheer fantasy）——即在很大程度上缺乏真實性的幻象——之間的不同，是不容易構連的（articulated）。建基於理性並關聯於經驗的批判分析，乃是主導性的規範（governing norms），而就創造性想像的本質而言，它必須突破知識論界限的限制，而產生那來自於對現實的重新描述的新的知識體系（bodies of knowledge）。不過，用以作出評價（evaluation）的規範與準則仍然會被構連，這些規範與準則包括傳統、理性、經驗、連貫性、強制性約定、人道（humaneness），甚至是結果。

一般的想像

那起點是描述在各個層次運作的那一類想像。這可以稱為一般的想像（common imagination）。從一般想像與感知的對比中，可以在很大程度上將兩者分別開來；相對於後者，前者〔即一般的想像〕企圖去認識或盤算（projects）著某物的存在，而此物並不屬於心靈所認知的直接經驗。從某個意義來説，這差異是重要的；從另一個意義來説，如同我們將會看見的，這種想像活動與感知的本質及活動之間的關連卻不夠明顯。在感知那最基礎的層次中，當感官知覺到一個對象，想像就會運作起來，舉例來説：當感官知覺到一間房子的正面，心靈就會推斷這房子是有房間的，而這些房間卻並不是直接被看見的。這種推斷可能是以過去的經驗為基礎（亦即，某人之前曾在這房子之中）；或者在那更為一般的心靈活動（mental activity）中，將對象分類歸入到「房子」這一般範疇中（房子通常是有房間的），並以此範疇來理解這對象。因此，當我們不能同時知覺到一個客體的整體時，那一般的、平常的想像便會填補那些不完整的感覺資料。這種想像活動讓經驗得到連貫性，將感知融合為一個整體，且將被感覺與感知的事物放進關係與範疇之中。一個客體的整體不是感官所能夠即時得到的，因此必須透過想像去完成那圖像。但同時，一般的想像是直接關聯於感官知覺的。

因此，這種將對象視為房子而作出分類與理解，便是一種心靈活動；這種心靈活動直接連繫於當下的感官知覺。當然，若這房子原來只是好萊塢（Hollywood）拍攝場地中的一個沒有房間的建築物的正面，那就產生了一個在分類與理解上的錯誤。無論如何，人類生活在世界中的方式，是運用這一般層次的想像，而將經驗、感知與對象進行分類、組織、聯合（combine）、綜合（synthesize），以理解它們的指涉與意義，然後以這些理解作為決策與行動的基礎。

然而，當心靈推斷著一個對象的存在，而這對象並不是感官所直接感知的，那麼，一般或平常的想像的另一個層次就會運作起來。例如，我們可以推斷一個愉悦的、公共的、面向墨西哥海灣東邊的佛羅里達（Florida）海灘的持續存在，這或許是因為幾年前在這裏的一個愉快假期（即透過記憶的活化），或是因為某人曾在旅遊手冊上看過這海灘的相片，並閱讀過相關的資料。當某人在心靈中想像這海灘的存在，甚至經驗到那聯想中的愉悦，這海灘仍不是即時被感官所知覺的。再者，在其中可能會有被扭曲之處，或許因為早前到訪這個海灘後，海灘已被附近的化學工廠所污染；或者旅遊手冊中的照片與介紹，有意使海灘的外觀比現實的更讓人感到愉悅。然而，在這兩種例子中，想像是關連於直接感知（過去的經驗）或間接感知（旅遊手冊）的。在以上的兩個例子中，由於對象實際上是存在的，在這個意義下，直接或間接感知的對象都是「真的」（real）。

在一般想像的這兩個層次中，隨後的是根據對何謂真實的一般理解，以及對感知與經驗是如何被組織、綜合與理解的一般理解，而進行想像的過程。

創造性想像

在人類心靈中運作的第二種想像型態，是創造性或藝術性（artistic）想像。其中，自由的特徵與獨創性得到許多不同形式的展示。這種想像的類型可以是表象性（representational）的，亦即，心靈嘗試產生或呈現一個心靈形象（psyche），此心靈形象盡可能準確地描繪一個並非透過感官所直接感知的對象。舉例來說，在具像派的（representational）或模擬的（mimetic）肖像中，一個藝術家在他／她的心中構想一個對象，並透過原料（顏料、畫布、刷子）而著手去形構它。或者，一個作家希望透過文字、紙張、筆與墨水描寫一個「模仿生活」的現實。這個過程就是奧爾特（Robert Alter）與弗萊（Hans Frei）在其觀點中，將聖經敘事（biblical narrative）形容為「似歷史」（history-like）或「歷史虛構作品」（historicized fiction）。

創造性想像的第二個層次比第一個層次更具建構性（constructive）。這個層次的想像透過對常態及規範的形象的描述，予以非典型的特徵，或將之放進不同的組合中，而得以突破常態與規範性的描述。一般而言，對一個對象的重新描述，源自於意圖對一個對象的一般理解，就著一個更具革命性的欲求而作重新描述，甚或是意圖發明一個新的實在。因此，一個全新的或不同的想像，可能會動搖那現有的意義結構，並且導向一個全新或不同的世界觀的創造。在這第二層次中的藝術家或作家，企圖逐漸破壞那些正統的常規，為的是去引導一個新的生命的定義與生命定向（life-orienting）的實在的出現。這是利科（Paul Ricoeur）在其有關象徵（metaphor）的重要著作中所描述的想像類型。對他而言，象徵有能力去重新詮釋實在，並轉化生活於此世界中的人。若說想像的所有層次都可能具有揭露性（disclosure）的力量，即它們指涉或意謂（mean）某物以作為一個詮釋的結果，那麼，在這第二層次中的藝術性想像，便充滿著改造性力量的潛力。

我們為這種對實在那具轉化性與非常規的描繪的形象之源頭而爭論；這種想像，從人類的潛意識到意識心靈的創造能力的範圍裏，以全新且不同的方式組織、綜合與詮釋事物。這是在現代藝術的藝術性描繪中運作的想像類型。不過，由於創造性想像的第二層次是徹底的（radical），甚至有時在其規劃中是無規範性（anarchic）的，因此，它作為最高度懷疑的主體，亦應成為被嚴謹地分析的對象。大部分對實在的重新描述，都因為太過奇異或難以令人置信而遭到拒絕。然而，這並不意味著在某種意義下，它們不是真實的或是不具有承載意義的可能性。

在創造性想像的兩個層次中，藝術家或作家那心靈中的形象或形象的集合是真的；儘管在另一個意義下，這對象（在心靈中的形象與完成的藝術作品）並不存在。這可能是透過感官而被知覺的某物的表象，無論這是在當下的呈現中或在過去的感知裏，或是在對未來的邏輯性推展中的某物的表象，或者這可能突破了傳統的規範準則，因而是非常規性的。這形象存在於人類的心靈中，但它的實在或為真（being true）的能力，則在很大程度上有賴於在圖像製造者（image-maker）與思量這些圖像的人之中運作的世界觀或諸世界觀（world-views）的估量。

宗教性想像

在想像的兩個層次中，宗教性想像（religious imagination）較為近似於創造性或藝術性想像。宗教性想像可能在形象、象徵、文字、禮儀以及藝術圖像中，以常規及傳統的方法，嘗試描繪一個被普遍接受的實在；而這至少對於其中的社羣而言，這些描述乃是真實存在的。在像基督教那樣，有著一位神靈的諸宗教中，「上帝」（God）作為描述的原初對象，並不可透過普通的感官知覺而獲得。因此，在其中對上帝的想像之中，宗教想像運作的方式便不同於一般層次的想像，亦不同於傾向作為表象或「現實」（realistic）的第一層次的創造性想像。在其中對上帝的描述中，宗教性想像必須完全是建構性的。那對上帝的描述可能被當作是描述性（descriptive）的，在這意義下，這工作就可能被認為是在現存的藝術、敘事與禮儀中，對上帝作最為仔細的描述，然後在某人的心中想像這些描述試著要表達的是甚麼。然而，這描述性的過程，只是對其他人的想像性描述的回應，而不是原始的想像。在這回應性的角色中，詮釋者依賴其他人在對上帝的描述中，其使用的主動想像所表達的圖像。這可被稱作想像的第二次使用，而不是創造或建構形象的那原初運作。

宗教性想像往往是建構性的，即對上帝的圖像的創造並非以感官知覺、過去、現在以及可能的未來為基礎。這並不意味著想像上帝的活動，並不是根據一個帶有世界觀的傳統來進行的，這是因為一般而言，人類是繼承其作為成員而參與其中的社羣之中，長時間內所形成的圖像。然而，在想像的行為中，心靈可能建構出一個圖像，而那是與傳統中已有的圖像重複的，但亦可能以不同的方式修改那些傳統的圖像，或甚至可能發明一個具有成為傳統的可能性的新圖像，從而，這圖像讓自身得到一個超越於建構者的心靈的持續存在。無論如何，相同的想像特質(組織化、綜合等等)都在其中運作。

在描述(第二層次想像的活動)之外，想像上帝的第二個典型方式是類推式的(analogical)。不管是在原初層次的或第二層次的想像之中，上帝都不是透過感官知覺所能直接感知得到的，但我們卻可以透過一般感知所能獲得的對象來想像祂。因此，聖經使用到從一般社會生活而來的上帝圖像：父親、君王、審判者、男人、戰士、母親、助產士等等。創造性想像可能被用以將許多不同的對象放在一起，以得出新的形式，從而建構圖像。舉例來說：在對諸神所作的神話式描述中，即是將動物與人類的形式與特徵複合以描述諸神，這種創造性想像便運作起來。不管是一般的或特殊的，我們都努力地透過那些至少在某些形式中感官知覺所能獲得的對象，以類推的方式對神靈進行想像。雖然對上帝的描述仍是一個建構性的、非指示性（non-referential）的工作。

第三種想像上帝的方法包含先驗想像（transcendental imagination），在其中，人超出了時間、空間、經驗與感知的界限，以讓那對「可能的」甚至是「不可能的」探索得到其自由空間。在這種想像不受限制的維度中，對上帝的描述才可能發生，而且在這超越的維度中，上帝那被想像的存在、本質與特徵才能被探索。當讀者進入現代藝術的實在中，或者進入聖經的敘事世界或其他故事中，先驗的想像便運作起來。這是一種構想那些非現實性（non-actual）圖像的能力，這能力可以說是在這宗教想像類型中至關重要的。

上帝那宗教性的形象有多個源頭，這些源頭遍及人的意識到無意識到各種宗教經驗的類型。儘管，眾多的上帝形象所共有的，乃是神性的普遍不在場（absence），而這種在場與否的狀態，至少是指在一般的時間與空間中，感官知覺是否能直接感知到一個神聖對象。上帝的形象是透過敘事、象徵、藝術作品、教義、信仰宣告而被帶進生活中，但是以上每種形式都面對著同樣的困難：如何不但為自己，也為他人想像一個並非直接屬於感官知覺的對象。以色列的象徵式描述則更為複雜，因為以色列不像其他古代近東國家，其正統的祭司們相信，他們並不能透過任何一個與被造物相似的形象來想像耶和華（Yahweh）。然而，每種諸神的形象，無論是一個偶像式或語言的描述，都分享了上帝臨在（presence）的一般特徵，這至少是透過神學的世界觀、心理上的意識與無意識，或將所有這些結合在想像之中，所提供的敬拜、奉獻、默觀、生活定向的經驗中得到的。可以說，在宗教經驗那最深的層次中，想像是比形象或觀念的概念化更為重要。在祈禱與委身之中所得到的那些上帝呈現的經驗中，有人可能會維護形象的現實性，即便它並不是呈現在一般感覺經驗的形式之中。不過，現在對想像背後的實在的真實性之爭論，大多已轉向評估（valuation）的領域。舉例來説：一個委身地去提高他人福祉的生命，可能間接地指向形象背後那實在的真實性。或者，一個導向對他者之愛的肯定的「皈依」（conversion）經驗，可能是來自對神聖者那委身的行動或默觀。然而，其中總是有風險的，即一個人所想像為真的，並不是真的。

對各想像層次的總結

認識到想像的所有層次與類型所共享的許多普遍特質，是重要的。首先，那些被感知或經驗的對象與能夠被想像的對象可能是真的，在其中這些對象曾經或將會是感官所能夠感知的，不管這是進行想像的人所直接得到的，或是間接地透過他者的想像而得到的。形象也可能不是真實的，在其中它們並非直接或間接地為感覺所獲得的，但卻仍然存在於想像中；在另一個意義上，它們卻是真實的，只是它們乃是存在於想像的世界，而不是存在於感官知覺的世界。第二，想像具有將過去、現在與可預期之感知與經驗，組織、混和與綜合為融貫整體的能力。第三，想像是一種能力，此能力能將感知與經驗提煉為建構認識與理解對象的基礎的那一個形式。這總是包含著一種約化論（reductionism），因為在某程度上及/或以某種方式來說，所有的經驗、感知與對象都是獨特的。

第四，想像包含對經驗與感知的詮釋能力，以及解釋它們所指涉與表示的是甚麼的能力。沒有任何已完成的想像行為，不是從詮釋出發的。第五，想像包含空間的維度，因為被想像的對象是呈現在感覺中，並且是透過回憶而能獲得的，儘管它不是直接呈現給感官，但在心靈中它卻被視為存在著的或曾經存在的；或者作為一個對未來的投射而存在於心靈中，因而是來自未來的。

特別重要的是第五個特徵：時間。透過想像而獲得的對象可能存在於過去，並因而受制於回憶；在現時則受制於直接或間接的感知與經驗；或在未來受制於邏輯推演、盤算或預期而被預期地（proleptically）實現。當然，事物可以被視作只存在於其中一個時間性的領域之中。不過，它們也可能存在於兩個甚或三個時間性的領域之中。

想像的第六個特徵的所有層次及種類，都是與情緒有關的。在人類心理中的形象具有喚起情感之力量，這些情感包括最溫和的感覺以至最激昂之情感。這些感覺可能是愉悅或不快、滿足或不滿足。[5]

想像的第七個特徵，主要是與那些最恰當地被稱為傳統的東西之間的關係。個別的人一般都參與在社羣中，這些社羣乃是由共同歷史、共同經驗，以及對於指引他們的行為的某些價值與信念的共同委身而聯結起來的。然後，傳統是傳播者，傳播著那些被廣泛地描述為世界觀的東西。世界觀的構成要素是多樣的，但是，它們所包含的形象通常都呈現共有的或者在理解上近似的意指（significations）或意義。然後，想像通常會使用這些一般的形象，儘管這些一般的形象，不一定會寫實地再一現（re-presented）於人類的心靈中。想像可能包含對這些形象的批判性反思，並使它們在新的、甚至誘發性的方式中再現。甚至，傳統的世界觀也可能受到批判，而致使對實在的重新描述，或甚至致使一個全新或不同的實在的呈現。因此，當被感知與經驗的對象或甚至只存在於社羣參與者的人類心理中的事物，被分離、重整甚至丟棄時，在想像中便進行著對實在的解構

（deconstruction）。從想像的經驗中得到的滿足感，在於從一個不同的或轉化了的詮釋架構或世界圖像中，形構一個新的或不同的形象，即一個為人所注意甚至擁戴的新的創造。

最後，有時想像會關係到對真實對象的感知與經驗，亦即是想像有可能受到感官知覺所影響。但是，想像也可能包含非指示性的形象，也就是這些形象並不對應於感官所能直接獲得的對象。我們探究的其中一個例子就是上帝，儘管有其他非指示性的形象並非直接地或間接地關係到感官知覺（包括在科幻小說中全然不同之生活形式，乃至永恆或不朽的概念）。不過，即便就著不能被感官所直接獲得的事物而言，也不必然推導出它們是不真實的。我們的建議是：上帝形象的真實性，很大程度上依賴於衡量祂是否具有引導的力量，以及其是否能以那些被判定為能提升生活的直接存在方式而存在。

扭曲與想像

使用想像的主要危險來自扭曲，不管是有意的或無意的扭曲。扭曲包括了從對經驗分類與感知的錯誤，到具魔力般的危險性形構。在精神病患者的思想中的形象，對他或她而言是真的，即便在其不真實性之中，這些形象也可能產生出毀滅性的行為。希特勒（Adolf Hitler）的世界觀對他自己而言無疑是真的，而且他以其心靈之眼所看到的真實，說服了數百萬人。不過，出自第三帝國（Third Reich）的黑暗時代所造成的毀壞，使人們不禁停下來三思。人們在處理概念與觀念的批判分析，或者處理宗教經驗的原初想像時，必須進行一些謹慎的思考。

謹慎（prudence）主導了那用以衡量想像的複製品與產物的評價判準。以色列在這過程中努力掙扎，舉例來說，他們嘗試為先知式的視象（vision）建立判準。談到一般的想像，對某個訴諸理性或經驗規則的人而言，在評估的過程中辨識扭曲之處並不必然是困難的。感官知覺有沒有被扭曲了？它們有沒有被想像準確地混合、分類與綜合？這些用以闡明經驗的詮釋概念有沒有具說服力地及中肯地被構連？

但當來到藝術性想像時（artistic imagination），由於藝術性想像超越了描述性的再現而達致新的創造，其中的批判性探索便變得更為困難，但同時亦可能是更為必要的。評價的標準可能僅得自某人所思考或相信的那些普遍的人類價值。想像的產物是能豐富生命的還是具破壞性的？想像所釋放的力量，能夠使人得以經驗到福祉與滿足，還是使人的精神衰弱，並最終導致人的墮落及令人失去整全性？這些最終的問題，是任何想像或透過想像建構之世界觀所必須論及的。

有兩個類似的研究適合作為這個關於想像的討論的簡短結論。第一個是瑪麗．沃諾克（Mary Warnock）的研究，她以下述的論辯來總結其對想像的重要研究：

> 所以，想像是必要的……使我們能以熟悉的方式認識世界中的事物，當我們要進行日常的工作，便要將那些我們需要視為當然的及讓我們依賴的世界的特質，視之為想當然的；而如果我們要視世界的重要性在於某種不熟悉的東西，又如果我們把感知的對象看作象徵或暗指其自身以外的東西，那麼，想像也是必須的。[6]

第二個研究是：對於威爾德（Amos Wilder）來說，相比於概念而言，人類更多受到形象所誘發。我們生活的方式，以及我們希望達到的目標，乃是建基於對實在的想像性解釋（construal）以及我們在其中的位置。[7]

二　當代神學中的想像：利科[8]

敘事歷史與敘事虛構作品的交錯

利科（Paul Ricoeur）是一位對想像賦予重要地位的重要神學家。他的主要目標正是一個包羅萬象（all-embracing）的敘事詮釋（narrative hermeneutics）。然而，為了推動這個目標，他在象徵與想像範圍內的工作，卻完全是開創性的。在這點上，我們的討論將會限於在利科對敘事虛構作品（narrative fiction）與敘事神學中運作的想像所作的理解之內。在這區域中，他建立了在歷史與虛構作品之間，以及各種歷史批判理論（historical criticism）與文學研究之間的一道重要的橋梁。

利科同意弗萊所說的：基督徒讀者了解信仰中的聖經故事的意義，[9]因而需要避免護教學，但他卻不同意弗萊對於真理的看法。利科不只主張聖經敘事乃是關於真理的詳細闡述與呈現，而且也主張聖經故事乃是一般大眾所能理解的，並能對大眾作出的宣稱。[10]

弗萊在其敘事神學的作品中所提出的關鍵問題，乃是關於意義與指涉的。對弗萊而言，故事意義的產生乃參照作品的內部運作。故事本身就是意義。其意義並不是透過指向某種外在於其敘事結構的事物而產生的。根據弗萊的說法，歷史批判法的問題在於敘事的意義與參照（reference）是關連於某種外在的事物。這外在的參照，當然就是那被批判地重構的歷史。對於歷史批判法來說，如果某物不能被歷史所確定，那麼，此物就不是真的；因此，某些人或事必須曾經在時間與空間中存在，且必須被包含在過去的行動中。行為或情節必須曾經是發生過的，才能被當為真的。然而，對文學批判法而言，有些事物被當為真，卻不必然需要是歷史性的。因此，有些敘事神學家與文學批評家便主張，聖經必須根據虛構作品的準則來詮釋；而歷史批判學家則為這些敘事，徹底審查那些可能與以色列歷史相關的資料；而在歷史批判學家的立場中，他們的敘事歷史（narrative history）代替了聖經敘事。儘管這兩種進路都在對方身上尋找可配合的元素，然而，兩者卻代表著聖經詮釋及聖經神學中兩種極為不同的策略。

這兩種不同進路的代表人物都同意聖經敘事並不

是歷史，但他們對何謂聖經文本詮釋的恰當目標，卻持有不同意見：以色列歷史的書寫（包括觀念的歷史〔history of ideas〕），跟衡量聖經文本作為文學敍事，如何產生意義及產生甚麼意義，形成對比。而且，他們對於「甚麼是真的」持有不同意見：以某些事情曾在歷史上發生的為真，與參照敍事結構的內部運作以證成一個觀念或事件為真，兩者形成對比。

突破這個表面僵局的一種方法，是要認識到歷史敍事與敍事虛構作品的敍述之間的重要連結，特別是在這兩種文學類型的形塑中，想像所扮演的角色。[11]或許，利科在這方面提供了最為重要的援助，他建立了敍事歷史與文學的虛構作品之間那相當重要的連結，幫助我們克服聖經詮釋與聖經神學的兩種策略之間的重大對立。[12]並且，隨著在當代神學家與舊約聖經學者之中，對敍事的關注的增加，這些洞見令舊約聖經神學的相關重要對話顯得更有前景。

簡單來説，利科的論題就是敍事歷史與敍事虛構作品在**意義的層次**（level of sense）上——即故事的形式上——有著某些共通之處。而在**參照的層次**（level of reference）上，兩者更出現一個重要的交錯

(intersection)。敍事歷史所指向的是外於敍事的事件，而與虛構作品的敍事進路不同。「不過，歷史的敍事與虛構作品的敍事有一共同的交錯性參照，就是一個指向歷史的參照，指向一個基本事實，就是我們建構自身的歷史，以及我們是歷史性的存有(historical beings)。」

利科主張敍事歷史與敍事虛構作品在意義的層次上的結構性聯合(structural unity)，是建立於情節(plot)這概念的基礎上：即事件與經驗是連續的，以及被安置於相關的配置(configuration)的串連中。人對事件的反應，揭露了他們的性格特徵，而其結果則引發高潮及結論。更進一步來説，利科主張的是：歷史(歷史的作者)與被用以建構敍事歷史的文獻之間的辯證，跟説書人(storyteller)與用以建構虛構作品的那被認作標準的傳統之間的辯證，兩者大致相近。

然而，在參照的層次上，兩者(即歷史與虛構作品)卻表現出顯著的不同：歷史指向甚麼是「真的」(true)，而虛構作品卻指向想像的(imagined)。然而，這兩者之間不同，在剛開始時看來並沒這麼重要。首先，歷史比實證主義者(positivists)所能接受的更具**虛構性**(fictional)。正如懷特(Hayden White)所主張的，歷史學家在進行歷史寫作時運用想像；而在文學的形式中，他們則選擇以形式論證（formal arguments）去表達其解釋。[13]第二，利科堅稱虛構作品往往更像是歷史，而不像第一手思想（first thought）。取自亞里士多德（Aristotle）與奧爾巴哈（Auerbach）的說法，利科提出在虛構作品敘事的模仿中，所模仿的不是事件的現實性，而是事件的邏輯結構。跟歷史一樣，模仿重演（reenacts）了真實。因此，虛構並不涉及複製的（reproductive），而是涉及生產性的想像（productive imagination）：令事物在新的及令人折服的方式中呈現。虛構作品並沒有告訴我們甚麼是實在，而是指出對實在的一個新的、甚至是令人信服的看法。

第三，利科認為歷史與虛構作品也在人類的歷史性本質（historical nature）這點上交錯。人類不僅活在歷史中，而是他們本身就是歷史。他們的本質是徹底地歷史性的，但惟有後來在他們以敘事的形式整理他們的經驗時，這本質才得以被表達。因此，敘事的歷史乃嘗試透過對資料的應用與詮釋，而形成一般的論述，以描述人類世界。相反，虛構作品敘事則傾向於重新描述人類世界，亦即，懸擱那一般的語言，然後根據虛構文學的象徵結構，對這世界進行再創造（recreate）。

利科的論文顯示了敘事歷史與敘事虛構作品之間的關係，並且為撰寫歷史敘事的歷史批評家與評估聖經為虛構作品敘事的文學學者，他們兩者之間的對話建立了基礎。這個對話必須包括那些對舊約聖經神學感興趣的人。正如我們所見，建構舊約聖經神學的人廣泛地使用不同的進路，但歷史、文學（包括敘事虛構作品）以及想像，都肯定是讓那有趣的、甚至令人信服的對談能夠發生的主要區域。[14]

三　敘事歷史、虛構文學作品與想像

導論

在當代神學步向敘事與想像的領域時，為聖經研究的討論提供了一個重要機遇，在其中不單以較新的方法論策略的形式，同時亦以導向以色列歷史書寫的歷史批判的結構來進行討論。在歷史與虛構作品中，對敘事與想像的本質展開有價值之研究，正如利科所建構的——正正就是懷特的工作。[15]懷特指出，從柯林烏（Robin G. Collingwood）開始，「想像性重構」（imaginative reconstruction）就已經是史料編纂（historiography）的公認特質。[16]根據柯林烏的說法，歷史的書寫包含了在想像中對歷史事件的重演及重構的過程。這種對想像所扮演之角色的理解，與知識論上的實證主義概念——主張純粹的事實是不可能的——結合起來。

四　舊約聖經神學與想像：布魯格曼

導論

在閱讀聖經敘事以及詩句（特別是隱喻）中，理解宗教想像的本質與角色，業已成為一個重要的課題。聖經中的敘事與詩句的實在，被作者、修訂者及編輯們那些創意性的想像所形構，他們參與那現在被奉為舊約聖經正典的組稿、編輯與翻譯工作。同時，透過強迫聆聽者、讀者與詮釋者進入舊約聖經故事的世界並生活於其中，這些文本便能參與在這些人的想像之中。在詮釋學的規劃中，這些文本至少潛在地企圖形構一個實在，不只強迫那原初的讀者羣活於其中，而且也呼召後世的人活於其中。因此，詮釋的過程總是包含言說者（作者）、文本與讀者羣；在這情況中，他們皆在想像的運用中被統合。對神學想像的承諾是重要的，因為它不只提供一個進入過去的語言學與歷史實在的方法，也提供了一個進入現時的敘事與詩句世界的方法。

布魯格曼

甚於任何當代的舊約聖經學者，布魯格曼（Walter Brueggemann）在其更為成熟的反思中，建構出一個想像的神學，以作為一種處理、理解與挪用舊約聖經文本的方式。他不單是一個對歷史、正典、敘事、虛構作品與想像的早期討論的積極參與者，他更提出一個在舊約聖經中運作的想像的神學，並在其中考慮到以上這些元素。[17]

布魯格曼不只希望建立聖經神學，也希望向當代的處境講論舊約聖經文本。同時，他也承認「這兩者是不同的任務，但卻也不能被完全的分離」。[18]的確，歷史性詮釋與當代神學的討論，都常常出現在布魯格曼的大部分作品中。如何進行這種從古代的文本到當代神學的論述轉移，乃是聖經神學一直以來的基礎問題之一；不過，對布魯格曼來說，其中的關鍵乃在於想像。

布魯格曼其研究進路中的主要方法論架構，是在他其中兩篇文章中提出的，這兩篇文章提供了其詮釋策略的清晰總綱。[19]布魯格曼以兩個斷言（affirmation）開始，為舊約聖經神學提供了自加布勒（J. P. Gabler）的研究以來的新動力。首先，舊約聖經是文本的規範性集結（normative collection），此文本讓詮釋者超越對文本的批判性剖析（critical dissection）與其中的歷史位置（historical location），而走向當代詮釋學的領域；在其中，此文本權威地向現在的教會說話。對布魯格曼來說，聖經的本質，就是一個強烈地根源於過去的語言學與歷史性的文本。不過，聖經同時亦為現在的信仰羣體的信仰與實踐作規範性宣稱（normative claim），亦即為當代教會的歷史與語言學的本質作規範性宣稱。第二，「一個神學陳述不是關注我們如何得到文本，以及這文本是甚麼」。一個神學陳述並不關注**文本的過程與特徵**（process and character），而是關注在文本中所遇見的**上帝的過程與特徵**。[20]

對布魯格曼而言，理解那將過去的歷史與當代的現在集結在一起的過程，以及理解「上帝的過程與特徵」，均需要認清舊約聖經神學的基礎結構。布魯格曼認為，這個基礎結構乃是由兩極的或辯證地互為影響的「結構的合法化」(structure legitimation)與「擁抱痛苦」(embrace of pain)所構成的。此兩者皆在想像的舊約聖經神學中運作。一方面，舊約聖經透過參與其世界中的「一般神學」(common theology)來想像上帝(此為「結構的合法化」)；以及另一方面，舊約聖經透過將上帝想像為一個進入社會互動與衝突的細節中的參與者，從而奮力從一般神學中脫離出來(此為「擁抱痛苦」)。因此，布魯格曼認為舊約聖經的上帝，類似於古代近東的諸神，乃是「在爭鬥之上」(above the fray)的，亦即超越於人類日常生活中的掙扎。同時，這位上帝卻又是參與「在爭鬥中」(in the fray)的，亦即，祂是呈現及活躍於以色列的歷史經驗中。這兩種上帝的基本形象：「在爭鬥之上」(即超越與絕對的)與「在爭鬥之中」(即內在與人性的)，相當於基督教的想像的神學那基礎性的兩極。

舊約聖經分享了在古代近東的「一般神學」，這「一般神學」想像一種由上帝所掌管及維持的宇宙秩序，這宇宙秩序管理著自然、歷史與社會制度。的確，社會制度——像法律與衝突——被認為是建立在這宇宙秩序之中。這種神學是一種「契約性」(contractual)神學，在其中，以色列被束縛在一個絕對與超越的上帝之中，且同時被要求成為一個負責任的羣體，而要滿足契約的法律要求。這「融貫與合理性」(coherence and rationality)的神學，基本上是一種創造的神學，因為它想像上帝為一個統治天堂與塵世的超越統治者，祂創造並維繫自然與歷史，並且確立君權(sovereignty)與天命(providence)以作為其基礎性理解。當然，這種秩序的神學以及這種「結構的合法化」的危險是，它可能成為集權主義的論據(rationale)；其中，上帝與上帝在公共制度中的代表，如此的超越於日常的生活，以致祂/他們是以命令來統治，而不是以憐憫來統治。如果真是這樣的話，那麼「創造神學便會成為帝國的宣傳與意識形態」，使統治菁英的力量與權威得到合法性，以求維持現時社會秩序的現狀，並不惜任何代價，即時移除爭端與無秩序狀態的危險。換言之，創造神學面臨的嚴重危險，就是成為自我縱容的意識形態。[21]

在舊約聖經中，那在創造神學中被原初地表述為對抗(counters)「結構的合法化」的是反結構(anti-structure)，亦即異議神學(theology of dissent)，此乃由「擁抱痛苦」的理性所引發的。因為以色列的歷史經驗，常常不符合在一般神學中所建構的規律，於是便產生出一個神學上的危機。這個由異議所引發的危機，最初是出現在以色列人出埃及時的起始階段，這異議乃是在面對苦難時對自由的迫切要求中被引發的。痛苦乃來自與上帝的疏離，也來自創造、歷史與社會秩序的崩解。[22]這種非主流神學想像的特質，包含一種對那成為暴政般的一般神學的抗議，並為了將它轉化為一個更為人道的系統，而對其秩序加以抨擊，而且冒著承受神聖權力結構與社會制度力量的挑戰之風險。這種非主流神學描述的聲音所指的特別是先知、表達悲痛之情的詩篇作者，以及約伯等人的聲音。

布魯格曼並沒有主張，建立在「擁抱痛苦」上的非主流的異議的那一極，乃是要否定「結構的合法化」的另一極；儘管像一般的創造性想像那樣，這種非主流的神學也企圖顛覆對實在的那傳統想像，以形構一個鮮活及令人振奮的想像，從而將社羣轉化為更為人道及更具憐憫的社羣。的確，這兩極之間的張力，讓舊約聖經神學得到其生命力。布魯格曼也認為，這對於當代神學而言也是真確的，即秩序與痛苦乃是表達信仰時所必須的兩極性。

先知式的想像

在過去二十以年來的一個書系中，[23] 布魯格曼提出及闡述了那被他視為舊約聖經神學辯證結構中的重要特質。然而，其中的一本書，卻最能說明布魯格曼對這舊約神學的辯證性的建構過程與內容，這就是《先知式的想像》（*Prophetic Imagination*）一書；儘管有人可能會對此書作補充與進一步的闡釋。

在此書中，布魯格曼主張，先知式的想像創造並引發出一種非主流意識，此非主流意識站在一個徹底地對抗那已經變得專橫與具壓制性的主流文化意識的位置上。在這想像中，主流文化建構出一種君權的視野，以及反映在創造、歷史與社會中的上帝的天命（providence of God），這天命必須不惜任何代價而被維持（這是一個已經成為意識形態的「結構的合法化」）。先知式的想像使上帝成為人類生活的苦難的參與者，並且成為轉化的代表，以推翻暴政及建構新的共同生活，並在其中提供秩序、穩定性，以及對人類的需求作出關懷的回應。

布魯格曼以摩西的傳統作為其典範性個案，摩西「代表著跟那法老的埃及其社會實在作徹底的割裂」。摩西的先知意識同時是具批判性與振奮人心的。這意識徹底地抨擊那被布魯格曼描述為「穩定的勝利主義（static triumphalism）的宗教與壓迫、剝削的政治」的埃及社會與宗教。在對埃及神話的暗中顛覆中，法老社會世界因而被去合法化（delegitimized）。而且，由於它不再為強壯、暴虐的諸神所支持，國家的力量也因而被瓦解了。這崩潰乃是由一個對新的、令人信服的社會實在的想像所引發的，這社會實在乃是建基於一個神聖自由的宗教中所保證的「正義與憐憫的政治」之上的；在其中，仁慈的上帝決意進入人類的歷史中，並為受壓迫的奴隸帶來意想不到的解放。透過對這專橫的秩序下的宗教與社會的否定，一個具生產力的社會想像，便創造出一個另類羣體的新觀點，以支持那建立在自由中的人類生活的尊嚴。一個活化的先知性視野所釋放出來的力量，跟真實的希望緊密地關連著，以建構出一個新的社會。在「摩西之歌」（Song of Moses）的例子中，一個被解放的以色列人唱出頌歌（doxology），恰當地稱讚那位為奴隸帶來正義與自由的仁慈、自由的上帝的登基。

這辯證後來回到其另一端，即合法的結構之中，但其中的秩序已被重新想像，以及那統治我們的共同生命的上帝，現在已變得更關注人的痛苦，並對人的痛苦作出回應。那是先知所想像出的一個新的秩序視野（vision of order），這新的秩序視野對人類的苦難及無權者所面對的剝削作出回應，並且企求使信仰的羣體進入此實在中，在其中活出此新的視野。而且，在回應那對參與另類共同生活的可能性的展望，以及對這種另類共同生活的實現作出回應時，羣體便進入這個新的世界，並最終突入到對上帝那不受拘束的讚美中。上帝成為奉獻的對象，但也是轉化了的社會生活的目標。

對布魯格曼來說，沒有處理人類住所的範圍的論述，是沒有意思或意義的。在第一個例子中，語言中的哀歌表達出人類的真實痛苦與傷害，因為秩序的諸神（gods of order）卑鄙地忽視人類的尊嚴。先知式的意識（想像）重新發現過去那豐富的宗教形式的象徵，並在當前他們所身處的文化中將之再現，因而建構出一個人類社羣的新生活形態（視野），並因而讓一個受害者的社羣獲得意義；而當中這些受害者的痛苦是真實的，並且是被貶低人性的。摩西五經嘗試實現那些另類的社會實在的要素，這些要素是建立在上帝與人類的創造與責任兩者之間那辯證的張力之中，而且最後為歷史性的大眾建立一種真實的生活方式。讚美是先知式的視象所釋放的激勵性力量的最後頂點，而且只有了解到壓迫的制度的非人性化，以及經驗到自由的可能性所帶來的愉悅的人，才能發出這種讚美。因此，這是先知式的想像的相互作用，這先知式的想像進入那具生命力、鮮活的社羣的共同記憶中，並在其中被形構，而這共同記憶亦限定了先知式視象的過程（批評與能力）與內容。其目標是重新建構新的共同生活，以及一個具生命力及秩序性的結構，這結構能更人性化地回應人的需要。神學地說，上帝同時是君王，即統治天堂與塵世的超越性統治者，也是參與人類歷史的痛苦與失序的那位內在參與者。

布魯格曼的舊約聖經神學的想像與隱喻[24]

一方面，布魯格曼沒有假定這個新理論總是與那些在啟蒙時期誕生的理論互相矛盾；另一方面，他也確信這段過去確實需要為詮釋聖經的新方法預留空間。他老練地帶領我們朝向新的方向，儘管他也不斷向早期的舊約聖經神學家（像是阿爾伯來特〔William Foxwell Albright〕與馮德瑞〔Gerhard von Rad〕）學習。布魯格曼如此系統化與充滿想像地將舊約聖經神學帶進一個嶄新的詮釋領域，他實在值得被列為那些曾決定性地形塑二十世紀的舊約聖經神學的少數人物之一。布魯格曼透過熟練地對過去與現在的舊約聖經神學作全面性的考察，以作為他研究的開端，並為他的新見解提供必要的基礎。

或許，布魯格曼認為最重要的是讓人注意到聖經的語言學特徵。布魯格曼主張語言有助於創造實在。希伯來聖經的上帝，最初並不是在歷史中、在歷史之上或在創造中被發現及認識的，而是在以色列的論述中被發現與認識的。真的，上帝是超越的，若不這樣想，便會製造出一個語言的偶像。然而，上帝也是「在爭鬥中」——在人類生活的結構中，而且聖經的語言也是在其中形成的。

對布魯格曼來説，希伯來聖經廣泛地被那產生「諸故事—世界」（story-worlds）的故事所佔據。這些故事是人類想像的活動。他們沒有被「實際發生了的事」所限制。布魯格曼一直主張，希伯來聖經是想像的產物，它創造一個「對實在的對抗性描述（counterversion；顛覆描述〔sub-version〕）」，以之「去絕對化（deabsolutizes）並顛覆（destabilizes）那些被『世界』視為給定（given）的東西」。希伯來聖經的語言，並不時常尋求去合理化那存在著的社會秩序，而是傾向於暗中破壞那使人衰弱的力量結構。神學地說，這意味著以色列的上帝並不受限於古典神學的規範，而是受限於戲劇（drama）本身的規則。布魯格曼承認，在每個社會的爭論中，都會有某些參與者主張維持現狀，而其他參與者則對輕率的改變提出警告，亦另有一些人投身於那轉化性的行動中。所有這些立場都在希伯來聖經中出現，並且經常進行相互對話與競爭。然而，他也坦承：「現代的作家不屈不撓地認同著文本中的革命性傾向。」在很大程度上，布魯格曼認為希伯來聖經回應了流亡的危機，並提出一個「對抗的實在」（counter-reality）。這意味著，現代讀者也應該視自己為一個「被迫離開家園並等待著回家」的人，以閱讀希伯來聖經。

作為對當代狀況的分析的一部分，布魯格曼指出三個被他判斷為不充分的神學性選項。基礎主義（foundationalism），宣稱應該運用現代主義的知識論，將希伯來聖經的宣告帶進公共領域中加以討論。正典批判（canon criticism）——特別是指查爾德斯（Brevard S. Childs）所使用的——宣稱正典是處理聖經神學的脈絡，而正典應該在信仰羣體中——而非在學院中——被處理與理解，並且乃是透過系統神學的範疇來閱讀的。布魯格曼指出，第三個選擇為「逐次閱讀」(seriatim reading)，即將希伯來文本的某部分作單獨閱讀，而不參照整個希伯來文本的其他部分。這些神學性選項所造成的結果，是那缺乏對話與批判性的雜亂的多元主義。

布魯格曼拒絕所有這些選項，並提出「後自由進路」(postliberal approach)，這進路一般被認為是跟弗萊、林貝克(George Lindbeck)、侯活士(Stanley Hauerwas)的理念有關。這策略是試圖去理解並承認文本，即使面對文本中那經常出現的陌生的他者性，也不會跟現代世界的理性論述或古典基督教的宣稱作出過度的協調。因此，布魯格曼緊密地注意那創造「信仰的文法」(grammar of faith)的「文本傳統的文法與方言」。這並不意味著信仰的建構僅僅是語言學的事。他也承認「以色列的文法確實被奇特的歷史經驗所衝擊著」。

布魯格曼也理解到，舊約聖經神學存在於兩種歷史與文化上獨特的讀者社羣之中。第一個讀者羣是古代社羣，他們從起初便已認同這文本。第二個讀者羣是後來的猶太人與基督徒，他們不斷地確認聖經神學的正當性，並懷有許多不同的理解。這意味著神學是「多音的」（polyphonic）；文本中的各種聲音融匯成一個聲音，以維持那持續的影響力。

透過提出四個不斷出現的問題，布魯格曼總結他那精彩的導論。首先，甚麼是歷史批判？這理論來自啟蒙時代，以客觀性、科學性與實證性為目標。其終極的目標是讓聖經脫離教會在詮釋上的管控。布魯格曼並沒有拒絕歷史批判，但他卻希望平衡歷史批判的宣稱。第二，舊約聖經神學如何關連於教會神學？布魯格曼不同意查爾德斯認為教會是在處理舊約聖經神學時應被排除的脈絡。對布魯格曼而言，舊約聖經神學家必須注意到文本及其意義，無論這是否與教義性的教導一致。因此，舊約聖經神學跟教會神學與歷史批判同時保持著緊張的關係。

第三，舊約聖經神學家（幾乎總是基督徒）如何承認及批判地處理舊約聖經的猶太特質？對於布魯格曼來說，舊約聖經神學必須對猶太特質及其文本的宣稱，賦予一個適當的地位。布魯格曼不能接受一個自然更替主義者（supersessionist）的閱讀，即指新約及教會的教導取代了希伯來聖經的教導。他宣稱這裏不存在單一的解釋，而是有著多重的解釋，其中包括猶太式的解釋。最後，布魯格曼要問的是：舊約聖經存在甚麼樣的「公共的可能性」(public possibilities)。他那原初的答案是，舊約聖經神學是為到善、權力與全球社羣的生存，所進行的革命性奮鬥的一部分。因此，布魯格曼的舊約聖經神學的主要構成部分，現在已經變得清晰了。首先，布魯格曼是站在(儘管有時不自在地)學院與教會兩者的範圍之內。在肯定歷史批判的價值的同時，他拒絕其中的菁英統治論、某部分假設與排他性的宣稱。雖然如此，他卻並不拋棄早期的學術成就。第二，布魯格曼堅持那站在教會之內的立場。他理解到舊約聖經神學大部分——但非全部——都是基督教的事業。他也承認其他意見的真確性，特別是那些猶太教的見解。第三，布魯格曼拒絕一個舊約聖經神學的系統式(或教條式)進路，這不只是因為在文本內那明顯的多元性，以及詮釋聖經的諸文化，也因為這進路較為符合教會對聖經的看法。

第四，布魯格曼支持那些來自邊緣者的言說，這些人不只從當代全球的現實中言說，也在希伯來聖經本身的範圍內言說。實際上，他認為希伯來聖經的主要目標是反菁英論（antielitist），並且對那往往施行壓榨及非人道地對待受害者的權力結構，作出顛覆。第五，布魯格曼擁護那嘗試為舊約聖經神學建構「信仰的文法」的後自由神學。這意味著上帝在很大程度上是經由希伯來文本的語言（動詞、名詞、直接受詞與形容詞）而被理解的，卻不是透過在歷史中的偉大行動或神聖存在之法則（存有學〔ontology〕）而被理解的。第六，布魯格曼並不迴避去承認希伯來聖經對新約聖經以及後來教會的影響。希伯來聖經不應被後來的基督信仰的讀入所搞垮，同樣地，其對基督教的形構的重要性亦不應被忽略。

布魯格曼透過使用一個審判或法庭劇的方式來表達他的神學。他對那由以色列的證詞（testimony）、反證詞（countertestimony）、主動提供的證詞（unsolicited testimony）與體現證詞（embodied testimony）所揭露的上帝的本質，作出探究。證詞：布魯格曼主張，對舊約聖經最重要的見證，包括以行動的動詞（verbs of action）為中心的以色列信仰的偉大宣稱，這些動詞言說上帝的轉變、闖入或轉化。在這些「文法」的形態中，動詞的主體通常都是上帝，而且動詞都具有直接的受詞。這些受詞原初地包含以色列，但也包括人類、國家與世界。布魯格曼提出有關這「信仰文法」的其中一個關鍵例子，是祝謝文學（thanksgiving genre）。這種祝謝文學所述說的，不只是上帝的超越性與君權，也包括上帝在世界的神聖臨在。公義成為讓這神聖行動的兩極——君權與感傷——得以統一的途徑：君權的上帝介入困難的處境中，並以公正及斷然的行動應付其中的挑戰。這些君權的神聖活動與參與所包含的，首先是創造——上帝使一個合適於生命的世界得以存在。這宣稱的黑暗面是其可以被用以支持那些壓制性的政權，這些壓制性的政權聲稱以神權來施行統治。以色列透過思考上帝是那些被壓迫者的一部分，並企圖逐漸摧毀他們的壓迫者，以拒絕這種對神學認信的妄用。

第二種對統治與憐憫之神聖活動的描寫，是建立在對上帝是那位給予承諾者的確信之上。尤為重要的是對祖先的承諾，即那應許祖先將會成為一個偉大的國家及神聖祝福的途徑的承諾；同樣重要的是對大衛的承諾——他的家族將統治以色列乃至萬國。

第三種神聖活動是拯救。上帝將以色列從埃及地解放出來，使以色列在苦難的日子裏能懷著希望與勇氣活下去。上帝是壓迫者那不屈不撓的敵手，祂努力於為所有人創造正義。上帝的第四種行動是命令。特別具範例性的是，在西奈山所頒布的律法。律法——可以更好的被翻譯為「教導」，此教導提供生活的指引，以及提供那在社會與敬拜中作判決的基礎。

第五種神聖活動是領導。上帝是那位在任何環境下都會介入以領導以色列的上帝。當試驗選民時，上帝也會在最具危險性的時候及在最大的苦難中在場，以給予祝福。布魯格曼確認到這故事情節中有著一種開放性。不像馮瑞德的「六經」（Hexateuch）停在土地的征服（在約書亞記中），布魯格曼卻在摩西五經的結束處停止：以色列在約旦東邊紮營等待進入應許之地。這種對終結的缺乏，代表著摩西五經是由流亡的危機所形構的。過去與現在的信徒，都在盼望中等待完滿。

布魯格曼也檢視那些主要的形容詞與名詞，並從中描述上帝的特徵。他的形容詞的「信條」（credo）包括「慈悲的」、「仁慈的」、「不輕易發怒」與「寬恕」。名詞則言說出上帝的可知性與不變性。布魯格曼建議：在宣認的語言中，以色列從特殊的（動詞）移向普遍的（形容詞）及更為普遍的（名詞）。在上帝身上所使用的名詞通常都使用到象徵，這意味著上帝是難以被理解的，並且超越於人類的具體言說。布魯格曼注意到，以色列對象徵的使用，不只是要防止偶像崇拜，而且也有助於朝向一神論。對上帝所用的象徵包括那些關於統治權的：公正審判者——致力於公正地統治及對抗剝削；尊貴的王——智慧及公正地施行統治，消滅惡者的詭計，並保護無辜者與受害者，使他們免受傷害；慈愛的父親——照顧及負責任地保守以色列；以及一位戰士——執行公正與憐憫的規則。

關於那最後的象徵，布魯格曼主張（不總是令人信服地）以色列進行戰爭是為了抵禦並給予生命。此外，戰爭的修辭是那些無權者所發出的，而他們並沒有其他的途徑爭取公義。最後，布魯格曼認為，上帝在這種暴力的邊緣存活——戰爭並不是神聖活動的核心。布魯格曼並沒有忽略希伯來聖經中那些對戰爭的可怕描寫，特別是那對迦南的佔領以及外來入侵者對以色列及猶大族人的大屠殺，某些先知將之形容為神聖審判的手段。不過，他並沒有嚴厲地批評這表述。公平一點地說，布魯格曼在後來的篇章中也有著手處理上帝的「魔性」（demonic）面向。而且他注意到論及上帝的寬恕，以及其對以色列與受害者的關顧，與那些有關戰爭與懲罰的神聖介入的象徵之間的矛盾。

上帝象徵的第二個集合(set)是關於供養(sustenance)的——那就是提升生命的養育與祝福。耶和華是那位醫治人的醫生、種植與收割創造成果的園丁、生育、懷有並餵養小孩的母親，以及照料羊羣的牧羊人。這兩個象徵的集合，即統治與供養，以及其他的象徵，都指向以色列人在談論上帝時的多樣性想像。這種多樣性意味著舊約聖經神學拒絕約化，而其描述乃是流動、開放與混雜的。若將這些象徵作字面解釋或使其均質化(homogenize)，便會成為偶像崇拜，這是以色列所抗拒的。他們也證明，除了名詞、動詞與形容詞以外，舊約聖經神學並沒有中心，而且也沒有建構一個系統化的描寫的企圖。

以色列的反見證：以色列不認為反見證是不忠於信仰的。相反的，他們的信仰就是要不斷地探索與追問。因此，詩篇提出了「為甚麼？」、「多久？」與「哪裏？」等問題。布魯格曼則主張，如果上帝不是無止盡的接受這種批判，最終的結果就是偶像崇拜。

以色列的反見證的其中一個主題，就是耶和華的隱蔽性。特別是在智慧文學中，上帝不是被直接地認識的。確切地說，上帝乃是在日常生活的過程，以及有規律與沒有規律的工作中被揭示的。智者（sage）把上帝看為那維持生命（life-sustaining）的結構的創造者，以及生命的隱匿保證人。那些與創造的秩序相呼應的人，承認他們對創造者是有義務的。有時，這隱匿會有著一個美學的向度，尤其是在祭司描述猶太會幕與寺院的特色與功能的時候。透過祭司主持的儀式，神聖力量得以被釋放以給予祝福，使生命得以維持並有所提升。

以色列反見證的第二個主題，就是耶和華的統治。上帝那具創造性、帶有秩序與持續性的照顧，有時候會被擬人化為女性的智慧。儘管如此，智者們也承認生命有其偶然性，而且上帝是神祕的。接著，他們屈服於上帝那無限的自由之下；儘管大體而言，他們都承認在傳統的表述中，上帝創造了一個善的世界，而且要求順服。

這反見證亦有一個黑暗面。在某些文本中，耶和華看來好像是欺詐、不穩定與不可信任的。有時候，上帝是騙人與辱罵人的，像耶利米書二十章7至18節中耶利米（Jeremiah）的抱怨；以及在對神聖會議的描述中，先知米該雅（Micaiah）是說謊言的（王上二十二

20～22）。為甚麼大衛可以被原諒，但掃羅卻不能得到原諒？在這人類的論述中，那對於一致性的缺乏，指向的是神聖那多變的傾向的存在。

反見證也包括承認耶和華有著的負面性情，就如當以色列經驗到與其所犯的罪大為不對等的懲罰，或者當上帝保持沉默或未有行動時。耶和華被指控為遺忘或不尊重聖約（詩三十五篇，八十六 14～16），或是沒有原因地作出猛烈的攻擊（約伯記）。的確，這是那導向對神聖公義的質問的重點。

上帝的黑暗面在傳道書中甚至更為明顯。上帝是徹底地擁有無上權力、不可理解與任性的神。生命彷彿不具意義。在傳道書中所能肯定的，是上帝並不關心差異及當中的公平性。

布魯格曼並不壓下這反見證，也不試圖解決那在宣認與異議之間的張力。這證詞與反見證之間的張力，乃屬於舊約聖經信仰的核心。以色列神學是辯證性的。基督教傳統延續了這種同樣的辯證：復活節那週的禮拜五是反見證的日子，而復活節主日則是對核心證詞（core testimony）的肯定。若這兩個主極的其中一極被否定，辯證性的聖經信仰便會崩潰。天啟信仰乃是在盼望中等待，盼望有一天這種張力會得到解決。

以色列的主動證詞，乃是一個來自審訊的法律性象徵；這就是指一個見證人會違反律師的勸告，而經常主動提供證言。為著這個證言，布魯格曼轉向耶和華的四個「伙伴」（partners）：以色列、人類、國家及宇宙萬物。當然，以色列是上帝那最主要的他者。以色列確認耶和華已經解救了它，對其未來作出承諾，甚至在審判之中帶領它，並透過命令與教誨來引導它。或許，在這伙伴關係中最為重要的，是在祖先敘事以及在出埃及與西奈山的敘事之中，所表達的那種上帝對以色列的原初之愛。上帝的這種愛，要求其伙伴付出應盡之愛（obligatory love），特別是要表達在對聖約的服從之上。

人類是耶和華的第二個伙伴。人類乃存在於與上帝的關係之中，而並非獨立自治之個體，並且是作為受上帝君權所管制的創造物，並服從於神聖的意志。布魯格曼並指出這伙伴關係的關係性與動態之特質（創九8～17）。令人驚訝的是，他認為在希伯來聖經中，「人以上帝的形象被造」這個概念，並沒有扮演重要的角色。上帝那神聖氣息吹進人之中，使人得以成為活人，這主題所強調的，乃是人依賴於上帝而生。在對共融存在的擁護中，個人主義被拒絕了。人類的福祉跟上帝的君權、仁慈的程度是相稱的，因為上帝——而不是人類——終極地統治與護理此世界。

耶和華的第三個伙伴是諸國家。以色列得出一個結論，就是承認神聖的範圍所達到之處並不限於以色列，而是伸展到所有人當中。所有國家的命運都是在上帝的君權之下。上帝召集萬國來接受那透過以色列而施予的祝福，但祂也會使用萬國來懲罰選民。當他們逾越了他們的規限，就會遭到耶和華那公正的懲罰。諸國也得到被寬恕與復和的可能性。

耶和華的第四個也是最後的伙伴就是宇宙萬物。上帝祝福萬物，並給出一種賦予生命與維持生命的力量，而使存在得以成為可能。這神聖的祝福是上帝賜予人類的禮物，同時，人類也被命令不能剝削上帝那美好的創造。敬拜是一種設置（Setting），在其中，創造的慷慨同時被讚揚與美化。以色列並沒有忽略創造的破壞力，但同時也視敬拜為消除這破壞力，並讓祝福得到提升的途徑。萬物不是一次過被構成的，而是岌岌可危地站在不住的混沌中，此混沌可以為生命及其支撐性的秩序帶來終結。但是，即便在絕望的時候，以色列仍然可以相信那創造的更新。以色列的體現證言：第一個體現證言乃是摩西五經。布魯格曼認為，摩西五經是對以色列與耶和華在西奈山的相遇的權威性描寫。然而，摩西五經並不是一次性地完成及固定下來的，而是持續地被一個與耶和華相遇的社羣所形構的，在其中，這羣體亦同時被形構。詩篇被這相同的妥拉式虔敬（Torah piety）所滲透（詩一篇，十九篇，一一九篇），並且最後成為智慧的權威性基礎。最後，摩西五經在終末地集中在錫安（耶路撒冷），而不是在西奈；並且透過其中的內在化，耶和華成為萬國所認識的世界最高統治者。若忽視摩西五經的管束，便會走向不守紀律、無神的存在；但若朝向另一個極端，即律法主義，則會讓宗教與道德生活變成為枯燥乏味與死板的存在。猶太人與基督徒必須學習使自己適應那規範性教導的實在。實踐妥拉，不只代表道德地及負責任地生活，也包括反思性學習、虔敬的奉獻與敬拜。證言的第二個體現是君王，他亦成為上帝的中介者。儘管並未遍及普世的範圍，最終，大衛的皇室也成為以色列生活的中心。即便在公元前五八七年那王朝的衰敗中，那彌賽亞的盼望仍然是等待著一位將代表耶和華公正地統治的人。後來，這彌賽亞主義與那個在但以理書七章13節中人子的形象及第二以賽亞書的僕人結合起來——此人會是大衛家族的後裔，並且會重建一個具信仰與公正的上帝社羣。

先知是證言的第三個體現。耶和華呼召先知代表祂說話，傳達其毀滅與救贖的信息。先知的言說不是普遍性的，而是具體性的，並且他們是以象徵來言說，暗中顛覆實在並引入對實在的另類看法。他們並不擁有對自己所聽到的召喚的客觀證明，所以常常受到挑戰；先知常常遭受迫害，甚至喪失生命。先知信息的本質是闡明耶和華的神聖管理及其對所有歷史的導引。

禮拜（cultus）被視為神聖臨在的第四種媒介。布魯格曼像他之前的德國學派一樣，要求恢復以崇拜（worship）作為舊約聖經神學的一個核心維度。崇拜形塑了羣體的身分，同時，崇拜的場所增加了以色列的禮儀想像。耶和華居住在其中並作為神聖君王而統治世界。而且，神聖統治的力量極力地聲稱其在混沌的威脅之上的主權。

智者可被視作神聖臨在的最後一種媒介。創造是智者的神學理解之核心，因為透過上帝使生命的秩序存在，人的存在才成為可能。透過公正與明智的行為，這秩序被提升，而以色列羣體就能得享安康。智慧教導的扭曲，就是守法主義與投機主義。在較早期，智慧所處理的是實際的日常生活，而最終，智慧卻與妥拉結合起來。布魯格曼部分地同意馮瑞德的看法，即認為智慧傳統是天啟思想的一個主要源頭。最後，智者成為以色列早期文學的編修者。

布魯格曼指出，證言與反證言的辯證模式，為我們當前所身處的時空提供了一個模範。正如以色列在其理解中未能佔有主導權，同樣地，我們在後現代時期中也未能佔有主導權。舊約聖經神學並不以共識為其目標，而是以持續的討論為目標，這討論乃是處於一個變化中的多樣脈絡中，並且乃是關於上帝的角色與行動。或許，我們必須透過提出正確的問題，而不是發現正確的答案來完滿我們的生活。但我還有一個疑問，就是若一個人不冒險地去對在我們時間中的證言及辯論說出是或否，他如何能作出道德抉擇，以及對信仰作出肯定？對話只能將我們帶到這裏。最後，我們也要作出決定，而這決定對人的信仰與行動，並對生活本身而言都是重要的。布魯格曼公正地宣稱，多元主義並非表示任何事情都是可能的。他認為，在我們這個時代中，以色列的耶和華崇拜（Yahwism）的一個主要替代品是軍事消費主義（military consumerism）；在其中，個人是意義與指涉的原初單位。根據這種現代視象，幸福在於對物質的獲得、使用與消費，而不需要節制，即便這需要其他人為此而付上巨大的代價。這種對現實的解釋是軍事性的，即使用武力或暴力性的威脅，來保全並維持某些人在利益上那不對等的權利——而這權力被等同於幸福。相反，耶和華信仰所強調的是慷慨地與窮人分享禮物。以色列的世界引導我們加入一個交換性的盟約，在其中不斷地在強與弱之間重新配置權力。所有人都必須成為鄰舍。

我們確實是在一個神學詮釋主導的時代的結束之處，而處於另一個神學解釋時代的開始。對當前世界秩序的威脅，乃建基於布魯格曼所說的「軍事資本主義」（military capitalism），並且充斥著令人恐懼的形式。這意識形態的「基督教」形式——特別是被宗教右派（Religious Right）所使用的——已經強化並力求合法化那（籠統而言）由西方所獨創（尤其指美國）的世界秩序。布魯格曼透過指出以色列對上帝的公義的根本性肯定，而試圖消除這種文化上的意識形態。

布魯格曼所直接面對的其中一個神學問題是多元

主義。若視多元主義只是一個現代的常規，則是愚蠢的。即使在同一的文化中，真理、知識與德性也一直是人類探問的對象，並且是不斷為人所爭辯的主題。然而，或許在我們當前的時代中，對這種持續呈現的知識論的辯論有著更大的察覺，因而便引起更大的驚愕。西方文化並不是第一個經驗到那由無法確定甚麼是真而帶來的不安的文化。然而，從啟蒙時代發展出來，以及建基於自由主義的政治、文化與宗教形式之中的一個西方信念，卻確信真理可以透過仔細、批判地應用的理性而被獲取，並從中產生出科學、宗教、詮釋學與哲學的方法。聖經解釋及其侍女——舊約聖經神學與新約聖經神學——在古代文本中的意義，以及對某些學者來說也包括其現代運用，都被置於合理性的確定性的凝視之下。經濟大蕭條、二次世界大戰與冷戰，為這個由西方世界觀所擁護的「顯而易見」的命題或數據中那錯誤的安全感，帶來一個決然性的結束。艾希羅特（Walther Eichrodt）以及馮瑞德那偉大及引人入勝的舊約聖經神學，引發出一個令人興奮的回應，並且在舊約聖經神學中佔據著一個主導位置，卻在真實與潛在的社會、經濟與環境災難中的不確定性之下，開始動搖然後廣泛地崩坍。從一九六〇年起，我們便努力去克服多元主義的問題，以及克服過往那帝國主義式的聖經詮釋進路所帶來的挑戰，這同時是為了其古代聽眾與現代信仰社羣而付出的努力。這自我確定的方法是歷史批判。然而，現代主義的世界也受到一些人的嚴厲批判，這些人認為現代主義那獲取知識及觀點的知識論方式，乃是自負及有限制的。正如柏拉圖學院的懷疑論傳統所提醒我們的，後現代主義並不只是當代的現象，但我們仍然要對這種挑戰作出回應。這多元主義乃是在後現代世界、多元主義的信仰、方法與詮釋的羣體中為我們帶來挑戰。

布魯格曼一開始便指出多元主義所面對的兩難與挑戰。他注意到艾希羅特與馮瑞德那權威性的神學解釋，雖然繼續被研讀與讚賞，卻不再主導著當代的舊約聖經神學。對以色列古代信仰那充滿自信的神學解釋，不管是系統的（艾希羅特）或傳統—歷史的（馮瑞德），以及來自歐洲中心論、以白人男性為主的、歷史批判的，以及新教的進路，在後現代世界中都不再是可能的，這是因為在後現代實在中充斥著各種認識論之間的競爭，而這些認識論是以不同的社會、文化與種族實在（例如，第三世界各種不同的解放神學、女性主義與少數民族）為基礎的。的確，正如布魯格曼所關注的，早期舊約聖經神學的其中一個諷刺之處，在於對歷史批判的仔細運用，揭露了多元主義的普遍存在，這多元主義甚至存在於希伯來聖經中那對於上帝的肯定陳述中。因此，多元主義不僅呈現於詮釋的處境中（不管是古代的或現代的），或僅存在於用以發掘或創造意義的各種方法中，而是也存在於聖經文本自身之中。

對布魯格曼的舊約聖經神學的想像性描寫而言，多元主義是困境，但也同時是機會。布魯格曼作為現代註釋者與當代神學家，在跟多元主義的扭鬥中，其提供的詮釋所圍繞的軸心，常常是具洞察力與敏銳的，以及永遠也不會是老生常談與重複性的。

然而，布魯格曼認為，舊約聖經神學還沒被放逐於現代神學探究的墳墓中。新穎且具洞察力的神學不斷地出現，這些神學是激勵人心的，並且有助於建構舊約聖經那複雜的神學。

為避免那主導性的系統式進路，布魯格曼那根基性的「法庭」比喻，提供了一個具啟發性的工具，讓他呈現其舊約聖經神學。他確實輕蔑任何一個主題式的中心，除非有人提出普遍的主題——「上帝」——這主題在舊約聖經神學的建立中不提供任何實際的援助。布魯格曼嘗試透過歷史批判法來處理文本，並且也為到當代教會而建設性地以其神學洞見來處理文本，他並不滿足於對多樣性的希伯來聖經文本提出解釋，而是試圖將它們帶進批判之中。

法庭比喻有三種主要的特徵，布魯格曼將之列舉如下：

1. 證言：建立在文本上的神學斷言，在面對相反的主張時，嘗試尋求贊同；
2. 爭論：挑戰建立在文本上的斷言的確實性與真實性，對斷言的宣稱提出質疑；
3. 擁護：不管那些矛盾的見證，而仍然支持那神學為真確的文本。

布魯格曼所指的證言，乃是被他確定為信仰的核心的東西。這證言有點像馮瑞德對救贖行動主題那肯定的陳述；也跟對契約與重訂契約之中，那對揀選與關係的具體化的強調有相像之處。這些信仰核心元素的構連，以及它們那些爭辯的斷言，遍佈在舊約聖經中。在我的判斷中，法庭比喻的三部分特徵，也存在於布魯格曼那批判、詮釋的挪用的過程的中心。

最後，布魯格曼描述到「證言的具體化：耶和華臨在的中介」。為此，他從見證、爭論與擁護的神學過程與希伯來聖經的各種形式及多樣理解，移向摩西五經、君王、先知、禮拜、智者，以及在耶和華之內的默觀與生活（倫理）之中，這一切中對證言的具體化。

舊約聖經神學、新約聖經與教會

長期以來，舊約聖經神學家長期以來都爭論著——差不多是基督徒獨有的努力——舊約神學能否脱離新約聖經而被獨立處理。有時，這同一班神學家也會為到舊約神學轉向當代基督教神學的舞台是否具有合法性而爭論。我以前的一位老師齊默利（Walther Zimmerli）會說：在對希伯來聖經的解釋中，「人們不能活在假定基督事件並沒有發生之中」。這並不意味著齊默利或布魯格曼擁護畢爾芬格爾（Wilhelm Vischer-Bilfinger）那個大膽的觀點——認為「在舊約聖經中的所有事情都是見證著基督的」。不過，這卻意味著對他們而言，在真實的聖經神學中，並不能剝除作家的信仰，以及他/她寓居其中的羣體信仰。這種對信仰的態度，特別地形構著那種對聖經文本詮釋地挪用的追求。

舊約聖經神學與建構性的當代神學

布魯格曼常常進入一種對希伯來聖經的批判性評估之中，並在其中經常加入他的個人觀點，而且會利用這些文本，處理那些被他認為是判斷錯誤的神學性結構。他處理文本的真實性的原初視點是正義。的確，這是適當的，因為布魯格曼曾宣稱到，並非常認同於：「正義」乃是舊約聖經信仰與實踐的核心。

五　總結：信仰與文化之間的張力

我不是為了那些在信仰的舞台之外的人而寫作的。大致上來說，我的神學是基督教的，儘管我也對猶太教內的希伯來聖經，作出過審慎的處理，而且對猶太的詮釋的合法化（legitimating），曾經提出個人的證言。

在西方學院與神學家之中有個小問題，就是他們正面臨早期神學宣稱的確定性的終結，並伴隨著當下及那正逼近的將來的不確定性，因我們真的是處於時代的終結。某人可以以其「超凡的能力」之自信來言說，但至少對當下來說，建立在布魯格曼所稱的「軍事資本主義」上的那些對當前世界的威脅，乃是大量的明顯存在著——儘管有時會以隱蔽的形式出現。這些威脅包括環境問題、全球飢饉、人口過剩、致命疾病、恐怖主義，以及由於跨國企業那無可避免的失敗而產生的全球經濟崩潰危機。用布魯格曼的述語來說，「軍事資本主義」乃是以貪婪、消費主義與權力的意識形態而成功建構並維持自身，並滲入西方文化及教會之中。在其基督教形式中，這意識形態——主要是（但不只是）被宗教右派所建構的——已經堅實地支持普羅米修斯的世界秩序（Promethean world order），並為其尋求現代的合法性。那支持西方文化消費主義而對聖經篇章的誤用與濫用，不只是狂熱的基要派，也是時常不思進取的西方基督教——無論是福音派與自由派式的表達——的常用手法。面對那只能被描述為強制及命令式的舊約聖經神學的建構，布魯格曼對這支配式的文化意識形態提出挑戰，並尋求解決之道。為此，他指向以色列對上帝的正義的基礎性肯定，作為開始。

2

箴言中的上帝*

譚浚明 譯

* 本文乃二〇一〇年五月二十五日的中原大學「智慧神學中的上帝：Leo G. Perdue 訪台系列演講」中的部分講稿。

一　日期與出處

在箴言中的智慧文集裏，其一至九章在結構上最具美感，並且在神學上最為尖銳。許多在箴言中的教導詩與訓導詩都被收編在這幾個章節中。當代的主流解釋認為，這個第一文集（first collection）不單是在最後才被編修進箴言之中，當中更包含了大量取材自波斯時代早期中較後期的材料。這種說法乃建基於多個前設。首先，籠統而言，作為文學形式，這文集往往帶有藝術性的形式，並大量加入人類的觀察，因而，對比於那些要求高超的智性與老練文字的教導詩及訓導詩，這文集是屬於更為古體的文學類型。

第二，智慧那精細的神學化與國家化，使其包含著那明確的以色列宗教傳統（例如出埃及事件、西奈山的律法與契約，以及耶和華在耶路撒冷的聖殿裏的住所），而這些宗教傳統是直到公元前二世紀早期的便西拉智訓才被充分的顯示出來。智者們積極地促進神學與宗教智慧的這種風氣，似乎是由波斯時代早期的事件與氛圍所培養的。

第三，智慧的人格化亦發生在波斯與希臘化時代的智慧（sapiential）文學中（對照約伯記二十八章；便西拉智訓二十四章；所羅門智訓十至十九章）。第四，在文學上與箴言最為近似的作品，是在公元前六世紀後期及公元前五世紀的文學作品中出現的。這些作品包括申命記傳統（Deuteronomic）的文學、申命記式（Deuteronomistic）的文學、以及後期的先知文學作品（對照耶利米書、申命記、第二以賽亞〔Second Isaiah〕、瑪垃基書）。然而，透過跟妥拉的參照而指出智慧尚未具有合法性，卻代表在公元前四世紀開始的以斯拉時代，妥拉尚未達到在猶太信仰中的中心位置。箴言一至九章這文學作品的出現及編纂的日期，被認定為在波斯時代早期（公元前六世紀後期與公元前五世紀），這是在我們所能掌握的有限證據中看來最為可能的。其後的解釋認為，這個第一文集是由後被擄（post-exilic）初期的智者們所蒐集的，當時的猶大成為了波斯帝國的一個殖民地（公元前 538～332 年）。

後被擄的猶大與第二聖殿時期的猶太教（second temple Judaism），並沒有成為一個同質的社會與統一的宗教。[1] 在地理上，主要的猶太社羣並不單單在猶大地區發展，也在大流散（Diaspora）時所前往的許多地區中發展，這些地區尤指埃及與巴比倫。猶太社羣在異地中所面對的，就是保留自身傳統的任務，但同時卻又要融入主流的文化之中。宗教特別成為一種保存過去的方式，並且為到在以色列地區以外作猶太人的意義，提供了特殊定義。在猶大殖民地中，主要的挑戰是如何從被巴比倫人流放、俘虜（公元前 586～539 年）而引發的社會、經濟與宗教的崩壞之中，找到重要而有效的方式，重構猶太社羣的社會制度與宗教表達，並且適應那因被廣大的波斯帝國所包圍而必然出現的新社會、經濟與文化的注入。在這裏以及其他地方，對於保存過去並使之延續，宗教都扮演著一個重要的角色。然而，即便在猶大的小殖民地中，無論在家鄉與國外，這種挑戰都會以不同的方式出現，當中更通常是以矛盾的方式出現。

猶大在波斯的統治時期，日子並不好過；那些在巴比倫的俘虜中，仍留在家園的本土人民，以及那些離開巴比倫而回到猶大，並尋求開拓一個波斯殖民地以重建家園的猶太流亡者之間，存在著明顯的緊張關係。最後，回歸者在這個形構猶太羣體身分的爭鬥中獲勝，很大程度是因為他們得到波斯的官方支持。不過，即便如此，在整個後被擄時期，宗派的競爭與衝突仍然不斷發生。

波斯當局保持對猶大殖民地的政治控制，並且透過任命統治官員的方式，使帝國的政治得以平穩。受任命的官員以如下的方式實行統治者的政策：堅定的效忠於阿契美尼德王朝（Achaeminid），他們的工作是收集並繳交那些給帝國的稅款，並且穩定當地的社會與經濟。透過允許殖民地保有其特有的價值與信仰，並且維持其社會與宗教習俗的方式——只要帝國的政治控制與經濟利益被完全承認與支持——波斯當局在某程度上達成了上述的目標。眾多的聖殿——如同在耶路撒冷重建的那座聖殿——不只為波斯帝國統治的意識形態提供了合法性，以及鞏固地方的殖民地地位，並透過收納稅款而對帝國作出經濟上的貢獻。波斯支持聖殿的重建，並不是一種早期與稀有的宗教寬容的表達，而只是一種手段；這是為著帝國的利益，透過這種手段，使地方得以穩定，並使資源的蒐集以及現實的社會建構得以達成。如果寬容及對地方的支持並不能達到他們所渴求的目的，波斯統治者就會訴諸更為野蠻的方法，以強行施加他們的意志，如同他們在其他殖民地所做過的那樣。

在波斯時代，猶太的權力代理人多半是頂尖的知識分子，他們形成了許多不同的團體，以競逐社會與宗教上的影響力與控制權。無論是回歸者還是當地人，大部分生活在後被擄時期的猶太人，都不屬於新興的政治與宗教的行動與團體，儘管他們的生活與命運通常都受到這些行動與團體的強烈影響。在後被擄時期，顯著的宗教、政治與社會的差異都發展起來，並遍布於整個時期。即便那些住在猶大的猶太人，都有可能認同於當時形成的兩個主要的社會與宗教團體羣組；這些團體羣組的活力與影響力持續地增加，甚至最後成為兩個對立的敵對陣營。[2] 在這兩個陣營中，在最初便取得影響力，以及後來變得更強大的團體，是札多克（Zadokite）祭司的僧侶集團，他們與波斯所任命的統治者、中立黨派的先知以及傳統智者們結盟。這包含僧侶團的社會團體，乃是由大量的外來移民所組成的，其成員當中，有的是從巴比倫的被擄中逃回猶大的人，以及他們的姻親及後裔。其他社會團體的組成部分是「異象者」（visionaries），當中包括早期的天啟論者（apocalypticists）、聖殿外的先知（peripheral prophets）與批判型的智者。某些異象者的領袖乃來自巴比倫的被擄時期，但其他大部分人都不是回歸家園的菁英流亡者。在他們當中，許多人都是處於巴比倫的社會邊緣，他們在回到猶大後亦處於同樣的境況。這兩個運動都依據於先知式異象的重建，以及新創造——那將會實現的未來（僧侶團體：以西結書四十至四十八章、哈該書、撒迦利亞一至八章；以及異象者：以賽亞書四十至五十五、五十六至六十六章，以及撒迦利亞書九至十四章[3]）。舉例來說，第二以賽亞清楚地指出，征服巴比倫的波斯帝王居魯士（Cyrus），乃是作為「受膏者」（彌賽亞），他在耶和華的指示下建立了一個新的政治秩序；耶和華是惟一的真神，祂創造並維持世界的進程，祂並不是異教國家所崇拜的其中一個虛假的偶像。流亡的先知視波斯帝國的擴張為一個機會，讓流亡者能夠在重新建立的耶路撒冷的猶太羣體中，再次成為領導者。在以西結書四十至四十八章中所展望的，卻是透過「聖殿的妥拉」的啟示而對以色列王朝進行一種更為祭司式的重建，即透過一個彌賽亞式的「君王」將聖殿的土堤淨化，以重建聖殿及讓其宗教儀式與教士得以復原。然而，當中的問題是，這些以及其他彼此競爭著的復原式異象，在何時以及透過哪些人而將得以實現？

那構成第二聖殿時期猶太教其主要輪廓的僧侶統治，其重要的宗教及社會性特徵，不只在於那在公元前四世紀獲得其最終形態的逐步形成的妥拉，以及其有關會幕（即聖殿）的建設、聖殿禮儀，以及宗教人員的條例（特別是早期在利未記一章1節至民數記十章10節中發現的祭司法典〔Priestly code〕），也在於後來那對創造與文化進行轉化的先知式異象。聖殿的重建與大衞王國的恢復是兩極，這兩極支撐起這個復原的僧侶式異象的結構（以西結書四十至四十八章、哈該書，以及撒迦利亞書一至八章）。早期的彌賽亞盼望，似乎曾經一直寄望於大衞王朝的後裔。對於巴薩與所羅巴伯而言（該二20～23），這都是可能的，他們可能是最早被波斯任命去統治猶大殖民地的兩位官員。然而，在早期的彌賽亞盼望——對大衛王朝後裔的關注——並沒有實現後，那些在僧侶運動中的人都放棄了那個恢復大衛王朝的期望，轉而與波斯所任命的非王室猶太官員結盟。僧侶式異象的中心，是著重透過妥拉來建立與維繫宇宙、社會及宗教的秩序；而聖殿禮拜、創造神學，以及護佑，則主要表達於禮拜儀式的報應式正義，以及教士與傳統智者所構連的道德生活之中。(見以斯帖記、尼希米記一至二章、歷代志上、歷代志下、在妥拉中的祭司法典、以西結書一至八章、哈該書，以及撒迦利亞書一至八章)。

曾經被擄的耶路撒冷札多克祭司們，以及其後裔所領導的這個僧侶社會團體，其意識形態的重要元素包含許多相關的特徵。首先，這意識形態同時被社會保守主義與一個已實現的末世論所形構，其中所要表達的觀點是：將來的復原大部分已經被實現了，其中包括在波斯的幫助下重建聖殿，以及主要透過對猶太官員的任命而完成的波斯主導的政治秩序制度。創造神學與神聖護佑這兩個神學傳統，都是用以讓現有的社會及宗教秩序得到其合法性並得以維持。札多克祭司們指導著聖殿禮儀，並遵從妥拉以實現創造中那維繫生命之秩序，並且修補任何威脅著猶太殖民地的安康的裂痕。這就像那些傳統智者，教導一種社會倫理以維護現有的社會秩序，而不是在某個未來的末世中開創一個新的社會秩序。第二，在處理政治事務以及舉行宗教慶典上，耶路撒冷的城市都在猶太生活中佔據著主導的位置。位於宇宙山上的聖殿，是給創造者與世界統治者作為居所的神聖地點。第三，被社會團體視為上帝代表的世襲的札多克教士，其權力與控制權不斷增加；而利未人那相近的另類聖職的角色與影響力，卻跟聖殿外的先知的角色與影響力一起持續減退。第四，透過朝聖慶典、奉獻與捐獻，耶路撒冷聖殿作為猶太生活中心的地位得到重大的強調。這些宗教慶典活動、獻祭及捐獻，顯著地增加了對教士、耶路撒冷的城市，以及其中的非教士居民在經濟上的支持。第五，這運動實現了妥拉的法典編纂與正典化——特別是祭司法典——而提供了主要的透鏡（lens），以讓人閱讀並理解早期宗教文本的結集。第六，在波斯時代早期，聖殿祭司可能因著對大衛君主政體恢復的指望，而與中立派先知結盟（例如哈該與撒迦利亞）。第七，這運動最後引致到對於恢復大衛君主政體的關注的消退，因而讓到那些高等的祭司們持續地承擔起許多隆重的儀式與典禮，以及部分關聯於早期貴族領導的有限權威。第八，其中一種在經濟上最深刻的變動，就是包括對被擄者及其家庭眷屬土地的佔有權的重構，而那些土地大部分都是世襲的，並且在父系傳統中乃是一脈相承的。僧侶政體運動認可那些在被擄時失去土地的家庭取回土地，因而否定外邦人的繼承權，包括否定通婚者（亦即猶太與非猶太人）的系譜。據此，他們致力於建立利未人城市，為祭司們提供財產擁有權，這些祭司因為約書亞在公元前七世紀後期將敬拜活動集中在耶路撒冷，以及後來在公元前五八七年時聖殿被巴比倫人所破壞，而要面對窮困。這個佔據主導地位的札多克運動，透過與波斯所任命的政治領導者，以及某些中立派先知的結盟，而形成一個貴族政黨；這政黨在阿契美尼德統王朝（Achaeminid rule）中，成為維持社會與宗教權力的建制。

從巴比倫那裏回歸的移民領導階層，本身並不代表一個統一的團體，主要因為他們的成員中包括了波斯所任命的官員，以及早期耶路撒冷的居民與祭司領導者的後裔；他們很快便成為在猶大裏具有政治與宗教支配性權力的人。他們的這種優勢是源於本地居民的犧牲，這些家庭在埃及流放期間，仍然留在猶大。波斯的得勢派系所任命的官員與札多克祭司，當中的高級祭司獲得波斯授予其合法性，而他們則對波斯當局實施一種務實的妥協政治。除了政治與宗教管制的實施之外，經濟議題也成為波斯時代衝突的主要源頭，而且特別與家族戶籍的構成，以及土地世襲的方式有關。其中一個主要的問題，乃是關於跟非猶太人所進行的異族通婚。在被擄時期，似乎曾經出現過大量同族婚姻，亦即許多回到家園的人，都為他們的孩子安排與那些居住在巴比倫內的猶太人結婚，以避免異族通婚。相反的，與其他種族的人結婚就是異族通婚，而在進行異族通婚的人中，有些已移居到前猶大國的所在地並取得居留權；這種異族通婚在家鄉較為普遍。異族通婚的問題，不只是由猶太人在習俗與宗教上對統一的渴望所引發，也是由政治與經濟上的抱負所促成的。最後，這問題被以斯拉的政策所解決，他認為猶太男子應該與外族妻子離婚，並剝奪在這些婚姻中所產下的兒女的繼承權，這措施不只是要抗拒外族文化對猶太教的影響，也釐清到只有長子與猶太後代才能繼承家族財產（見拉九～十章）。透過取得猶太諸家族的支持，並從他們募集捐款與獻物給利未人、祭司，以及在耶路撒冷的聖殿，這政策有助於鞏固僧侶團體的政治與宗教地位（尼十 32～39）。

由頗為不同的社會、政治、經濟與宗教期望所引發的競爭運動，挑戰著那在被擄後回歸時，僧侶黨派所重建之社會、政治與宗教秩序的成果。這個「異象者」運動特別對抗著札多克教士的地位、影響力，以及他們對第二聖殿時期猶太教的控制。猶太的天啟主義在希臘化時代中，初次明顯地表現自身，儘管當中的許多的主要元素都源自更古老的以色列宗教，包括對「上主之日」（day of the Lord）的先知式強調、指向一個即將到來的審判，以及一個由耶和華主持的超自然存有之天上議會的概念（伯一～二章；詩八十二篇）。韓申（Paul Hanson）認為，猶太的天啟式末世論的早期根源，可以回溯至波斯時代早期，並且可在以賽亞書五十六至六十六章、撒迦利亞書九至十四章、以賽亞書二十四至二十七章、瑪拉基書，以及或許也可以在約珥書中被發現。[4] 在這些文本背後的人物，應被歸類為早期啟示主義者還是後期的先知——從他們當中發展出天啟主義——仍是一個歷史問題，而我們不會在此作進一步的討論。然而，韓申那主要的論點卻是令人信服，並且得到支持的。根據韓申的說法，波斯時代發生過一場激烈的鬥爭，這鬥爭是在僧侶運動與「異象者」中間展開的；僧侶運動乃是由札多克教士、波斯所任命的官員、中立派先知與傳統智者所領導，他們得到支配性的政治權力，以致有能力形構主導性的世界觀、神權政治路線的第二聖殿時期猶太教的實踐，以及控制宗教儀式之實踐與耶路撒冷聖殿的資源；而「異象者」則由周邊先知及具批判性的智者所組成，他們與信仰羣體的社會及宗教觀點非常不同，並帶著鮮明的對比。在這爭鬥中，僧侶運動在波斯時代獲得勝利——至少在政治上是這樣。然而，這並未使異象者變得沉默，他們作為政治上的邊緣人士，持續地為猶太社羣建構一種另類的世界觀，這種世界觀乃是被一個在將來而仍未實現的末世觀所形構的。

「異象者」這個第二羣體，乃是由那些被札多克教士所統治的周邊先知與某些利未人家庭所組成的，他們發展出一種更具包容性的第二聖殿時期猶太教的觀點，並且聚焦於那期待第二以賽亞（賽四十～五十五章）的宇宙與實在的社會轉化的異象，而這異象的大部分仍未被實現。這先知式異象乃是由被擄至巴比倫的羣體所發出來的，他們認為耶和華透過祂的「受膏者」居魯士的行動而造成巴比倫帝國的崩壞。這些異象者勾畫出一個在未來的末世，在其中，由於上帝的神蹟行動而使最後的復原得以發生，而當中所達到的高峯，是一個由彌賽亞統治的新宗教慶典與社會秩序；這彌賽亞會是大衞的後裔，社會將由具合法性的祭司所指揮，他將在一個被潔淨的聖殿的禮拜儀式中，帶領人們進行合宜的儀式（見賽五十六～六十六章；亞九～十四章）。上帝的末世行動因而會為那些有著殘餘信心的異象者帶來救贖，他們將在那新秩序的時期中，獲授予一個優先的位置而得著榮耀。這些被大量剝奪公民權的羣體，認為現存的聖殿禮拜是褻瀆性的，而其中的祭司們則是貪腐的，他們對那些被波斯任命的猶太公民領袖宣告審判，並認為耶和華將會建立一個新的政治秩序，並會對那解除猶太男子、非猶太婦女及他們的子嗣所組成的家庭與婚姻的那法令，提出挑戰。異象者傾向支持信仰上帝的混血家庭能夠得到土地權，更認為他們可以被算在復興的以色列羣體中。在波斯時代，當各種事情正在發展時，由於主要的僧侶團體統領了新秩序，他們在其中便享受著波斯政府的培育與支持，而異見者團體卻被大量地剝奪其公民權，而且只擁有次級的地位。然而，「異象者」的領導者本身卻不是窮困、被放逐、未受教育，或是處於猶太文化與政治的邊緣的。相反，他們乃是來自社會上備受敬重的家庭，否則他們便不會擁有權力，而在他們的領袖當中亦不會存在著高級知識分子。異象者運動對於當前的宇宙與社會秩序的轉變逐漸變得悲觀，以致他們得出最後的結論是：現在每個殘破的實在都必須被徹底改造，或是被上帝的大洪水式行動所毀滅，然後，才能創造出一個「新天新地」，以及產生出一個純淨的普世國度。

在波斯時代，智者們積極地參與這場爭取權力、影響力，以及形構第二聖殿時期猶太教的機會的鬥爭。在神學上，智者們結合第二以賽亞，以建構一個耶和華創造世界的神學，以及維持那構成生命的可能性的秩序，儘管他們在公元前二世紀的便西拉智訓之前，仍不接受救贖歷史的神聖傳統。然而，現存的智慧文學作品清楚地展示出，在後被擄時期出現了兩個不同的智者陣營：傳統智者們與那些逐漸獲得支配地位的札多克僧侶團體的祭司結盟（箴一～九章；便西拉智訓）；以及批判型的導師們，他們挑戰著許多保守智者的常規以及那些與他們結盟的祭司，並對現存的宇宙與社會秩序的惡，有著較為悲觀的結論。其中一些智者被歸類為「懷疑論者」，因為他們太容易確認出當前的缺失，不過他們仍希冀在未來的某一天將會出現一個更好的世界（約伯）。儘管在宗教上——或許也在社會上——這些批判型的導師與異象者能共融，但他們並沒有完全認同那期盼，即是：上帝戲劇性地結束當前的現實，並重塑出一個新的社會與政治秩序。有些智者則成為犬儒主義者，對未來不再抱有希望（例如傳道者與亞古珥〔Agur〕）。[5]

在回歸後，那些於早期波斯時代出現的社會團體——包括智者們——其文學藝術作品以及編輯工作乃是以箴言的一至九章為代表。在耶路撒冷中找到他們活動的原初地點後，這些智者們以及他們的後裔便很快地與第二聖殿時期猶太教的祭司團體結盟，這團體將成為在後被擄時期的政治與宗教上的主流團體。儘管這結盟直到公元前二世紀早期便西拉的時代才得以被充分體現，但當中的一些元素卻已經出現在箴言的第一次匯編之中，而這些元素是能夠與祭司團體的議程並存的。這些並存的元素包括：在很大程度上是靜態與正義的普遍宇宙秩序的這個主題；肯定耶和華為惟一的真神；竭力主張正義是由公義的神靈所實施的，並主要是報應性的；在那為主流團體掌握財富與權力而辯護的報應理論中，神聖的護佑得以被表達；將智慧教導奠基於創造的公正秩序中，並以擬人化的方式將傳統比作上帝的女兒，而使智慧教導得到其合法性；以智慧對地上君王的揀選，而確認他們的統治，智慧也是天上之后，是上帝那創造力量及神聖護佑法則的化身；透過「異邦女子」（Strange Woman）這個象徵，將那對以色列以外的文化與宗教的危險性所提出的警告作擬人化的表達；肯定傳統大家庭的社會性特質，包括：年長男女的權威性、限於只能與猶太女子結婚、繼承與遺傳，以及強調孩子的價值；跟那些與「異邦女子」調情的人作對比，而宣告對土地繼承的「正當性」；以及對聖殿獻祭系統的支持。

在箴言一至九章所發現的神學與倫理學材料，可能來自波斯時代早期的一個或多個學派：聖殿學院、家庭團體與民間學院。當中最為可能的是一個出現在波斯時代的聖殿學院，這學院培育文士，幫助祭司為那些逐漸依賴亞蘭文（Aramaic；波斯時代的交際語言）的一般民眾，而編輯、解釋與複製那以希伯來文書寫的妥拉；

為到公民及宗教規則與論爭，而討論判例法（case law）並編纂法典；管理及記錄聖殿的龐大經濟資源；並且為統治階層對權力的宣稱及影響取得合法性，而形構主要的案例。公會（Guilds；很可能以家庭為核心）持續為到政府或聖殿的服務而訓練文士（王上二55）。波斯政府也需要文士在中央（例如以斯拉）及在省份的層面，進行行政領導與官僚政治的任務，保存記錄及成為公證人。這些文士或許是在那些受中央或省政府贊助的公民學院中接受教育。傳統的智者們透過他們的寫作與教育系統，提升主流的社會與宗教階層的利益。

出現在波斯時代的批判性智慧傳統，最初乃是由約伯記（詩歌）、傳道書與亞古珥（箴三十章）所代表的，這些文本也可能是由教師創作的學院文學作品。這些智者們以知識分子的身分對抗著傳統智慧的社會知識，這些社會知識被用以支持僧侶運動的政治權力與經濟優勢。這些教師對早期的智慧傳統，以及他們那些保守的伙伴進行批判；他們質疑上帝的正義，甚至有時還會否定之；在公開的批評以至深度的懷疑論中，質疑那認為正義是遍及宇宙與社會秩序中的教導；他們對以下的見解提出質疑：公義的秩序代表著那更廣大的上帝的公義，而可以在敏銳的觀察中被發現，並可體現在其後的生命中，讓人經驗到成就與安康。他們也認為上帝乃是隱晦的、善變的與不公正的；或者認為上帝陷入永不可能完全獲勝的正義鬥爭之中；視宗教與公民領袖總是墮落的；否定祭司擁有在聖殿禮拜中賜福的權利；並且見證著一個墮落的社會秩序，在其中，貧困者甚至正直者都受到壓迫。然而，與同時代的異象者不同，這些智者並沒有輕易地指望上帝在未來所作的一個行動，能夠轉化天地並建構出一個正義的世界，而他們能夠在其中那些被救贖之人當中成為領袖。的確，他們或是退避至一種深沉的犬儒主義中（亞古珥），而避免思索一位隱藏的、善變的神靈，並同時教導學生：當某人經驗到勞動與家庭的樂趣時就要「把握當下」（傳道書）；或是認為混沌的力量會因著上帝的管束而受限及被抑制，但道德生活與對混沌力量的抵抗，並不能保證義人能免受苦難及最終得被稱為義。然而，一方面，這些批判型智者們提出質疑，並因而逐漸破壞那些知識論式與認信式的假設——這些假設讓當時作為一個波斯殖民地的猶大社會世界得以鞏固及得到合法性——同時，他們對於會否因著正義的生活及神聖公義的介入，而將會在某一天出現一個新的及公義的社會秩序，並沒有一致的答案。這些教導者挑戰那些在神學上與意識形態上令人安慰的教條，這些教條向那些在其學科中努力學習並培養品性的學生們作出承諾，應許將會給予他們好處及特權。然而，這些智者們在他們那些持異議的文學作品中，並沒有急於提出一個社會正義的建構性觀點，以重新建構波斯統治的當代政治秩序。[6]

二　文學結構與箴言一至九章

從第一文集的藝術性質中，可以清楚的看到，創作這文本的智者們掌握了卓越的文學技巧。箴言第一文集的對稱結構，表現在一至九章之中，其中包含題詞（一1）與一般的導言（一2～7），這是同時為此文集與整個書卷而寫的；而那十個教導與四首相關教導詩的主題則是智慧女神。那些教導是編排在前七章（一8～19，二1～22，三1～12，三21～35，四1～9、10～27，五1～23，六1～19、20～35，七1～27），那四首論到智慧女神的詩，則具策略性地被置於文集的開首與結束之處（一20～33，三13～20，八1～36，九1～

18），以形成文學上的首尾呼應；為了帶出教導詩的優雅性，更將當中教學的主題與語言重新組合。的確，箴言的結尾（三十一 10 ～ 31）是一首論及那作為理想典範的賢婦的精緻詩作，她不再是神聖智慧的文學性象徵，因為她已成為智慧女神在那些關於道德存在、豐富的洞見，以及完滿生活的教誨之中，所帶出的教導的一個人類化身。最後，為那作為理想典範的賢婦所寫的高潮詩段，給予一個對智慧主題的錯綜複雜的整合，並且為整卷書帶來一個極為優美且首尾呼應的終結。

在前九章中，詩段的文學性配置凸顯出智慧（女神）在創造的原初中那中心性與本質性的角色，她支撐並提升宇宙、社會與人類生活；她指引及指導人們作出道德行為並說出靈巧的語言，以將智慧的愛好者以及更廣大的社羣導向完滿的生活，並且躲避那些威脅生命的愚昧與邪惡。智慧女神體現著那成為神聖生活指引的智慧傳統，她特別地與愚昧的婦人抗衡，愚昧的婦人所代表的不只是步向毀滅之路的邪惡與愚昧輕佻的生活，她同時也代表著「異邦女子」及其文化的誘惑性，以及娼妓對大家庭的威脅。

在四首教導詩（一 20 ～ 33，三 13 ～ 20，八 1 ～

36，九 1～18）以及初始文集的一個教導（四 1～9）之中，神聖洞見與藝術性的設計被擬人化及象徵地描繪為智慧女神，她被用以創造宇宙及指導人類羣體；她一方面代表著耶和華的一種神聖屬性，同時亦更像是智者們那具有位格的女神。智慧女神是神聖、創造的力量，創造出宇宙並持續的滲入其中；她為人類制度形構及賦予一種正義的特質；她是迷人的女神與智者的愛人，這些智者在她的魅力與賦予生命的擁抱中尋求安慰與愉悅；她是一位人格化的女神：她保護、頌揚、榮耀並且加冕那些追隨她的有志氣的智者；她是上帝的寵兒，以其純真的愛意及自身對人類居住的世界的喜愛，而形成在創造者與人類之間那充滿愛意的聯繫；她是充滿力量的天上之后：不只揀選地上的君王，並賦予他們能力去成功及妥善地施行統治，而且也向她那些尊貴的愛好者，賦予財產及贈予榮耀。但最重要的是，智慧女神就是上帝的聲音，她透過智者的教導而說話，而她所體現的就是智者的傳統；她邀請人們來到她那裏向她學習，而她的教導所展現出的神聖知識與洞見，則向愚昧人指出一條通往完滿生命之路。

最後，人們在箴言一至九章中所聽到的聲音，不再受限於以色列的智慧教師們的聲音，或者甚至不限於智慧本身的聲音——這智慧統合及建構那建基於創造秩序的智慧傳統。在整個文集中的教導與詩章中可聽見的低微聲音，乃出自上帝之口，祂向愚昧人及智者揭示出生命之道。

三　論智慧女神的第一首詩（一 20～33）：智慧女神對愚昧人的邀請

導論

箴言一章 20 至 33 節是這初始文集——因而也是整卷書——的第一首教導詩。這詩的核心，以及其後在第八章與第九章的詩，都將智慧人格化為智慧女神，而她同時也是那聖者的其中一種屬性，以及學生與智者們所尋找、掌握與擁有的德性。文學上的擬人化，在聖經文學作品中是普遍的。其中的例證包括將耶路撒冷／錫安視為耶和華的女兒（耶六 26）；以色列作為上帝的新娘或妻子（耶二 2；何二）；以及將耶路撒冷與撒瑪利亞視為已婚的姊妹，儘管她們不忠於上帝（結二十三章；對照於結十六章）。即便如此，將智慧擬人化為一個女人，則只限於智者們的文學作品：約伯記二十八章、箴言八至九章、便西拉智訓二十四章，以及所羅門智訓十至十九章。

在智者們的文學作品中，這文學人物具有重大的神學與社會意義。在這些文本中，智慧是在創造中的積極手段及恰當的設計；獲得上帝欣喜的女兒；透過這高貴的皇后揀選統治者，並為他們帶來健康與成就；向她所教導的學生提供生活指引的導師；以色列及忠信者在救贖歷史的過程中的神意指引；居於錫安與聖殿中的創造性煙霧與神聖話語；上帝的聲音：向那些將會找到生命與安康的人宣告神聖指引。然後，這象徵乃用以傳達智慧那神學性與倫理性的內容，以及那發現智慧並使之具體化的請求。但同樣重要的是，這象徵使現存的社會秩序得到合法性；而在這社會秩序中，傳統智者們具有多重的角色。

在波斯時代的初期，這詩文乃體現著智者們對猶大之中較為卓越之家庭的「愚昧人」的邀請，希望他們在其中一個後被擄的學院中接受智慧的學習方式。智慧女神為這些潛在的學生所提供的，並不只是簡單的知識與專業技巧，而是在這個大部分地方仍然處於混亂不安的艱難時段中，為他們提供一種導向安康及帶來安全的住處的生活之道。

文學結構與詮釋

這詩由四個部分組成：首先是以第三身所作的介紹，在當中，智慧女神所發出的邀請，傳遍了城市的許多地方（一 20～21）；她向愚昧人以第一人稱的方式言說，規勸他們要接受其責備（22～23 節）；她告誡那些漠視那向她學習的邀請的人，他們將捲入災害之中（24～31 節）；而且在其結論中，她將那些聽從其教導而得享安穩的居所與生命的人，與那些痛恨知識並抗拒其教導而落入死亡與毀滅的自滿的愚頑人（32～33 節），作出對比。

20 至 21 節描述智慧女神為一位吟遊教師（peripatetic teacher），這至少體現為她試圖招聚愚昧人，而走到每一個主要的公共區域及古代城市的大街上，找尋她的學生，這些地方包括：街道、市場、牆頂與城門口。這並不意味著這些地方是進行一般教學的場所，而是作為一個背景，教師們可以前來這裏，並説服那些有機會成為其學生的人向他們學習。根據推測，實際的教導與學習是在公共建築之中，或可能是在龐大的私人屋苑——也包括其庭院——之內進行的。

她那初期演說的聽眾是「愚昧人」，即那些尚未接受智者們的學習方式的青年人。拒絕智慧之邀請的其他兩類典型的人是：「褻慢人」(*lesim*) 與「愚妄人」(*kesilim*)，褻慢人是不可教導的（箴十三 1），因為他們自滿且愛好爭論（二十一 24，二十二 10）；而愚妄人則甚至不去抑制自己的情緒（十二 16，二十一 24，二十九 8、11），或者不去抑制自己的說話（箴十 18～21，十二 19，十四 7）。這兩類人都缺乏智慧的教養，所以都會造成爭端，並會威脅甚至瓦解羣體的和諧及安康（十五 18）。

這些青年人不單住在城市中（大概在耶路撒冷），也住在那些在經濟上、政治上與宗教上與這城市中心連接的城鎮及鄉村。這些愚昧人並非必然地反對智者們所提供的教導，而只是他們都年輕、缺乏審慎的態度與明智的知識，並且沒有得到學習上的訓練、批判性思考，以及恰當行為的教養（箴一 22，八 5，九 4、16）。他們易於被愚昧所誘惑，離開正道並帶來災難（十四 18）。更可能的是，愚昧人——包括聰明的年輕男子與女子——乃是來自猶大中少數的富裕家庭（對照便西拉智訓三十八 24），富人可以透過教育來為他們的後代提供晉升機會，也不需為著經濟的原因而把他們留在家裏。

智慧女神的譴責（一 24 ～ 31）是要向「愚昧人」提出警告，表示那些拒絕那向她學習的邀請的人，將會遭遇到褻慢人與愚妄人同樣會遭遇到的毀滅。的確，當恐懼與災害吞沒那些愚昧人的時候，才試圖在智慧女神及其學院中尋找那賜予生命的忠告，以求得到保護，便是為時已晚了。智慧現在召喚愚昧人，並向愚昧人自由地開啟其生命的教導，在將來會為那些不接受其邀請之人招來災禍。不過，在這時就會太遲了。只有那些接受智慧的邀請之人，他們敬畏上帝並因而承認耶和華為創造者及生命的神聖維護者，對智慧進行密集與投入的研究，並試圖透過訓練而將智慧的價值具體化而活化於日常生活中，這些人才有方法面對那些威脅他們及其羣體的災禍的日子。非常諷刺的是，當愚昧人不顧一切地追尋智慧女神的教導以求得到平安時，正是智慧女神嘲笑並嘲弄他們的時候。這些驚恐的時間與正在逼近的災難，可以是來自威脅著猶太人羣體的生存的重大災難（例如瘟疫、農作物失收與軍事入侵；見耶十八 17；結三十五 5；俄十三節），以至各類型個人層面的災難（例如疾病、貧窮、搶劫、戰爭；撒上二十二19；詩十八19；伯十八12，二十一17，三十一3、23）。沒有忠告的指引——這指引是指仔細的計劃，這計劃能導向成功並且保護生命——羣體與個人都會易於被災難的威脅所傷害。那些不敬畏耶和華，而且就像愚人一樣憎恨知識（箴29；對照一22）的愚昧人，當災難降臨在他們身上時，因著他們那無準備的狀態，就會導致巨大的破壞。因此，在報復式的正義語言中，若愚昧人拒絕智慧的邀請，就會遭受到他們自己那些愚昧行為的後果。

在一般型態的教導中，那一般的結論是以愚頑人與智者的命運作對比的（一32～33）。愚昧人拒絕了智慧的邀請，並因而錯失了讓自己習得保存生命之教導的機會。愚頑人的自滿令他們沒有意識到危險的存在，使他們對生命的災難毫無防備。相反，那些注意到智慧女神之呼喚的人，將得享安居與自在（參照申二十八章，三十三12；詩一〇二29；耶二十三6，三十三16）。在一個不安的時代，那應許能在這土地上安心居住的承諾就特別具吸引力。這些人的土地在較早前曾被巴比倫人侵佔，而他們的領袖們亦曾被擄，故此，對他們來說，安然居住的承諾，就是他們所特別渴求的。

目的

除了神學上的理由，這首詩的主要目的乃在於邀請愚昧人採納智慧的方法。智慧女神承擔起那尋找學生的教師角色，向學生們講述為何愚昧人應該接受她的召喚。她的勸戒（protrepsis；編按：這是一種古典修辭學方法，亦是智者招生時所使用的演說技巧）不只說明學習智慧所能給予他們的好處，也表示到毀滅會降臨於那些拒絕採取此學習方法的邀請之人的身上。在社會上，智者們是那些在政府、聖殿官僚政治與學校中取得一席位的人。在波斯時代的初期，這些智者們是猶太人在生活上的惟一依靠。這是因為他們在猶太社會與保守政治中，擔當著關鍵的角色，他們及其家庭很可能不只享有當權統治者與札多克教士的支持，並且也受到波斯當權者的支持。因此，智慧女神——不只體現智慧傳統，也傳達耶和華的聲音——向他們保證，即便在政治上與經濟動盪的時代裏，他們仍可在其國家與家庭中得享「安居」與「自在」。相反，當災難來臨時拒絕智慧的邀請的「愚頑人」與「褻慢人」，卻會經歷到「災難」與「恐慌」。

或許，這些「愚頑人」與「褻慢人」應該被理解為那些拒絕將猶太社會世界當作波斯殖民地的人，而這種殖民地地位卻是傳統文士所努力去建構並使之合法化的。那些拒絕智者們的教導以及拒絕那勸他們進入智者的學校的邀請的人，是否單純的只是屬於一般勞工與窮人的家庭中的人，乃是一個疑問。然而，更可能的是，「愚頑人」與「褻慢人」是屬於富有家族的人。作為青年人，他們有機會與方法去開展其對智慧的學習。然而，他們可能並非那些被「異象者」的另類世界觀所吸引的人，而作為貴族家庭中的青年人，他們缺乏對傳統智慧世界觀的實在的渴求與信念，而這種渴求與信念卻是那驅使人投身於學院中的智慧課程的嚴謹學習的動力。

神學

以第一人稱作演說——不論是在希伯來聖經中的耶和華（例如賽四十二8），或者是在古代世界的其他部分的諸神與女神——是宗教文學作品中一般的表達方式。克莉絲塔（Christa Bauer-Kayatz）[7] 指出智慧女神的演說以及關於埃及女神瑪特（Ma'at）的演說——她是太陽神拉（Re）的女兒，並且是遍佈在實在中的真理與正義的宇宙秩序——之間那重要的對應性。在其後的文本中，另一位埃及女神伊西斯（Isis）以第一人稱的方式演說，內容包含邀請、承諾與自我讚揚。那編寫智慧女神的演說的智者或智者們，似乎使用了古代近東女神的論述，以強調智慧傳統；在這著名的文學比喻中所體現的，是耶和華智慧之德性的具體呈現。這提供了言說耶和華那神聖權威的一種令人折服的言說方式，耶和華找出愚昧人並將他們導向生命。然而，耶和華的聲音所提供的不只是救贖，也同時說出一個可怕的警告：那些拒絕智慧教導之人，災難與驚恐將有一天會臨到他們身上，並會將他們吞沒及帶向毀滅。這與申命記中的教導不無相似之處，在那裏我們發現到「非此即彼」這種典型的說教：要順從那導向生命之法律的教導，若不服從，就會帶來死亡。

智慧女神的比喻，也為世界中的神聖內在賦予一種具體形式，儘管這是文學上的形式。耶和華在被擄時期及後被擄的文學作品中那逐漸增加的超越性，突顯出一個嚴重的問題，那就是關於如何描述在世界中及在被揀選之人當中的神聖臨在。智慧女神是上帝那導向生命之德性，她提供一個較為具體的方式以展示那神聖臨在。超越這個象徵，智者們要說明的是，上帝透過智慧所要展示的是，祂不只是神聖傳統的教師，而是也會透過那規勸人去採納其學習方法的邀請，而臨在於神聖傳統的建構中；臨在於在教導、言說與詩章裏的知識中；臨在於在品性的形構中所習得的東西的實現中；以及臨於在智者的行為中。智慧女神及其所體現的傳統，成為智者們表達神聖臨在的那實在的方法。透過將智慧女神描繪為吟遊教師的角色的象徵性表達，那神聖內在性能被生動地表現出來。她的足迹遍佈城市中的公共聚會與演講的場所（街道、市場、城牆頂與城門的入口），她在其中不斷尋找學生，而這些學生就是那些接受其邀請的「愚昧人」。

智慧女神也是智者們在言說關於神聖啟示時的一個演說工具，並因而讓那對創造生命、維護生命、救贖生命的神的話語所作的抽象理解，能夠得到肉身的體現。智者們並沒有簡單地以一種「要麼接受、要麼放棄」（take it or leave it）的方式提出教導，儘管他們鼓勵辯論、調查與測試以確定甚麼是真的。即便如此，他們也會以比喻來說明，智慧女神是上帝的聲音，她揭露那達至對上帝的認知的重要知識、指引道德生活的重要知識，以及那構成導向生命的品性的重要知識。智慧遍佈在宇宙中，存在於社會秩序裏，成為上帝與宇宙之間的媒介，並且安居於那些接納她的智者的心靈與道德生活之中。透過不同的訓練，包括：對智慧傳統的學習、對存在於世界中的秩序的觀察，以及人類品性的培育，學生可以理解那創造世界並維繫生命之上帝的本性與意志、道德生活的元素，以及滲透在世界中的正義秩序。

最後，或許因為過了被擄時期不是一段很長的時間，應許那些回應智慧的召喚之人可以得享安居與自在，就成為一個特別具吸引力的承諾。這種安居——可能是在猶大地——至少讓人想起了那承諾，即是：那些依據智慧的要求而生活的人，將確實的在以色列社會中，得到一個安全且具保障的位置，並且可受到保護，以及得享他們的家庭遺產中之產物（參詩三十七 9～11）。

四　論智慧女神的第二首詩（三 13～20）：智慧的禮物及其在創造中的角色

導論

箴言三章 13 至 20 節是談論智慧的一首四對句之詩，以討論智慧女神的象徵為其核心：第一詩段（13～14 節）談論發現智慧的喜悅及其價值；第二詩段（15～16

節）描寫智慧那無與倫比的珍貴性質，以及其作為一個生命女神的形象；第三詩段（17～18節）延續那將智慧視為生命女神的描述；以及最後描述她在創造中的角色（參箴言中的詩：八1～11、十二～二十一章；詩十九篇）。就像詩篇中的兩首智慧詩（詩三十二篇，一一九篇），這首關於智慧女神的詩是一首祝福詩（*'asre*；「快樂」、「受祝福」），始於「喜樂」（*'asre*）的言說（13節）並以這關鍵詞作結。這首尾呼應的手法，令這首詩跟其他詩文有著一種區別，並讓人聚焦於其關鍵的主題上：發現智慧之人是「喜樂的」（或「受祝福的」），亦即得到進入安康之境的方法。在希伯來聖經中——特別是詩篇與第二以賽亞（賽四十～五十五章）——讚美詩以兩個主要的方式讚揚上帝：以祂為創造及維護世界與人類的那位（例如詩八篇，三十三篇，一〇四篇，一三九篇），及以祂為拯救其子民及個別的人免於危難的救主（例如詩七十八篇，一〇六篇，一三五篇，一三六篇）。在詩篇中，以色列讚揚上帝在創造與救贖的偉大舉動中所顯露的光榮與威能。然而，智者們選擇不去直接地為到上帝的創造與護佑而頌揚祂；反而，他們以間接的方式頌揚上帝，就是讚美智慧女神，她是神聖智慧作為上帝那賜予生命的設計與行動的象徵性體現。這首詩聯同箴言一至九章的其他詩章（箴一20～33，八1～36，九1～18），共同描述智慧女神。

文學結構與詮釋

這首四對句之詩始於兩類箴言：一個「快樂」或「受祝福」的言說（三13），以及一個比較性的言說（14節）。第一類言說被稱為「快樂」或「受祝福」的言說，是因為它們始於 *'asre*（「快樂/受祝福」），這詞語在智慧文學作品中是用以描述那些前來的學生，因著跟從智者們的教導，而得到的那種平和與喜悅的狀態（八32、34，四21，十六20，二十九18）。產生這幸福狀態的原因在於發現智慧。當中那首半句的重點，在於那教師的聲明，她強調智慧是可被尋獲的，而且智慧並不在人類所能達到的範圍以外(可對照如伯二十八章)。這裏，以對此形式出現的箴言，所強調的是某事物比另一事物具有更高的價值，而那附加在幸福的言說中的結果性子句（三14），則指出獲得智慧的無上價值。她所產生的財產更勝於白銀與黃金（見詩十九11；箴八18）。

位於此詩段的起始處的第二個對句，包含一個更好的說法。現在，智慧適宜地被對比於寶石，而後者有著較低的價值。更確切地說，智慧的價值確實勝於任何人心所能欲求之物。這對句的第二行，以將智慧描述為一個生命女神為開始。在所有智慧文學作品中，長壽（箴三 2，二十二 4）、富有（十四 24）與榮耀（八 18）是最有價值的（王上三 3～14）。儘管，這對於那些隸屬於後被擄的猶太教中富裕與有勢力的家族與人民，或者至少服事著他們的保守智者們而言，對於教師宣稱這些被認為有如此價值的事物是智慧的禮物，以及一位女神親手將這些禮物分配給智者們，他們並不會感到驚奇。因此，這些禮物不是人類努力追尋的對象。教師宣告這些能夠發現並「擁抱」智慧女神的人（見箴五 5）是「快樂/受祝福的」（三 13、18）。

在第三個對句中（三 17～18），智慧女神延續著其生命女神的角色。對她的追尋不單單是一種知識上的探索，也是一種人心的渴望。智慧女神就像一個美麗的女人，是人心所欲求的對象。智慧女神就像一位愛的生育女神（fertility goddess），她將生命、榮耀與財富給予那些擁抱她的人。

若以比喻來設想，智慧也是生命之樹（創二 9；見箴十一 30，十三 12，十五 4）；在古代近東的文學作品中，生命之樹通常是用來象徵生育女神的，因為她們乃是關聯於多產的力量與每年的重生。舉例來說，迦南的大地母親之女神亞舍拉（Asherah）就是被描述為生命之樹（申十六 21）。智慧女神的路徑被形容為具有歡樂與和平的特徵（箴三 17）。這些描述語乃指向那平和與欣喜的狀態，這是當智者跟隨智慧的教導並將之融入生命時，其所進入的那種狀態。

19 至 20 節這最後的詩段，描述到耶和華以「智慧」（即「理解」與「知識」）來創造宇宙，以作為這整首詩的總結。那比所有人心所能欲求的事物更加有價值的智慧，就像是一位生命女神，將人類存有中寶貴的禮物分發；智慧引導智者走在愉悦與和平的道路上，上帝以同一的智慧創造並管理世界，並透過正義來維持其持續運作（參照詩一〇四 24，一三六 5；耶十 12，五十一 15）。在這詩段中，智慧是上帝用以創造世界的力量與設計。19 節以兩個同義詞來描述創造的活動：「奠基」（*yasad*；即摩九 6；賽二十四 18，四十八 13，五十一 13；亞十二 1；對照箴八 29）以及「建立」（*kun*；即箴二十四 3，詩九十三 1，一一九 90；伯二十八 25、27；

對照箴八27）。這些動詞指出上帝是建築師及建造者，他設計宇宙就像設計一棟建築物，並置定其根基（對照伯三十八4～7、詩一○四5）。同時，這些動詞也表達到設計的藝術性及其穩固性的力量；這些用語皆表達出，世界是那在美學上讓人愉悅的堅固結構。

在最後一節中（三20上），對上帝所用的比喻改變了。在這裏使用了「分開」（*baqa'*）這個動詞：「以知識使深淵（*Tehom*）裂開」（字面上就是「被分開」）。許多來自古代近東的神話性文本，跟希伯來聖經一樣，都使用「被裂開」或「切斷成兩半」這些比喻，來描述那在創造之前，與造物之神在戰爭中對抗的混亂之獸。希伯來文 *Tehom* 是指深淵或宇宙海洋（創一2，七11；伯三十八16、30；箴八24、27～28），而且可能與埃及的混沌猛獸泰雅曼（Tiamat）有著某種關聯。戰士與創造神馬爾杜克（Marduk）在殺死泰雅曼後，將她劈開以創造世界。*Tehomot* 可能是威嚴的複數，指到那代表著太初的混沌的強力深淵（詩七十五12～15；亦見創四十九25；申三十三13；詩七十七17；哈三8～10）。在出埃及後，耶和華立即將海分開（出十四16；詩七十八13；尼九11）；無論這是如何的間接，也暗指到那神話性的戰爭（見賽五十一9～11）。箴言三章19至20節則暗示到創造者與混沌之獸之間的戰爭，指出智慧是那征服混亂、不義與死亡的神聖力量。

神聖護佑或對創造的維護，在此節的最後部分被簡略地提及：「使天空滴下甘露。」上帝提供那必須的甘露，使宇宙中的生命得以延續，是神聖護佑的一個主要活動（對照伯二十八25～26，三十六27～28，三十八28；三十七章；詩七十八23）。這世界不是自足地延續自己，而是接收那來自創造者的祝福以維持其存在。

目的

這文本是懷著三個目的來書寫的：承認智慧具有無法估量的價值，而且比任何人類的寶藏都更有價值；表達出智慧乃是在生育女神的誘惑，以及其異邦文化以外的另類選擇；並且注意到向其追隨者施予生命與各種祝福（生活、財富與榮耀）的智慧，同樣是上帝用以創造與護佑世界的那智慧。那同一的智識與力量，既存在於上帝的創造活動之中，也存在於上帝對世界的維護中，並且是那些尋求智慧之人所能得到的。這文本說明到，超越於所有的問題，智者們認為他們的教導並不只是一個知識體系，而且也是上帝那滿有權能的創造力，這創造力在創造宇宙及維持其存在之中運作。智慧女神裝扮成愛與生命的女神，對抗著生育女神的引誘；生育女神不只嘗試引誘猶太人崇拜她，也企圖令猶太人吸收其文化之宗教及世界觀。

神學

　　這首詩用了很多比喻來描述智慧。首先，智慧是生育女神，她向其具有智慧的崇拜者提供許多令人嚮往的禮物：長壽、財富及榮耀（相比於伊西斯、亞舍拉、安特〔Anat〕與伊西塔〔Ishtar〕）。在古代近東，生育女神向她的愛好者提供同樣的禮物。將智慧關連於生命之樹，可能也暗示到生育女神，因為她也是以同樣的方式被象徵的。後來，對尋找智慧的渴求，不只被比作對美麗女子的追求，也被比作持守內心的忠誠。這種對智慧的描繪，將智慧呈現為在豐饒宗教（fertility religions）的誘惑，以及其異文化、偽諸神與價值之外，一種具吸引力的另類選擇。

　　第二，智慧是神聖設計者的智能，用以設計並完成一個美麗與穩定的結構。這比喻指出，上帝運用其智慧，設計並執行他那精良的計劃，以建設一個穩固及安全的宇宙。這比喻容許智者作如下的構想：當人得到那體現在智者的教導中的智慧，就能參與道德社會實在的建構與整理。

第三，智慧（或者理解）也是在與混沌之獸的戰爭中，作出明智抉擇的技能，以及那非凡的能力，而導致混沌之獸的戰敗與肢解。這戰爭的比喻，指出那些得到智慧的人，具有力量去征服那使人類社會陷入苦難的混沌：爭吵、憎恨與破壞羣體的謊言；導向毀滅的愚昧行為；異邦文化與宗教的圈套；等等。

最後，上帝以其知識，將甘露賜給世界，作為神性護佑，以維護當中的生命。同樣地，智者們靠著自身的智慧所導引，而有能力去管理自己的生活，並且向他人傳達那維護生命的教導，使人類羣體得以延續下去。

五　智慧女神（八 1～36）：智慧作為教師、天上之后、上帝之子

導論

箴言第八章是一首深具藝術性的詩，以智慧女神

為題，並由四部分組成：教師對智慧女神的介紹（八1～3）；智慧女神對愚昧人的邀請（4～11節）；智慧女神作為天上之后的守則（12～21節）；在宇宙的創造中，智慧女神的角色（22～31節）；以及智慧女神對生命的指引（32～36節）。

在開首的部分，教師以兩個修辭學上的問題作為這首詩的開始，其提問的方法是：如果智慧女神不是吟遊教師，她如何邀請人們到來並聆聽其教誨？這答案自然是肯定的。然後，這位教師描述到她邀請人們接受其教訓的地點，這些地方通常都是在城市中：路旁（或道路）、高處的頂上、城門及城門口。在接著的部分中，智慧女神以教師的身分，向人們發出邀請，邀請他們到來並聆聽其教誨（八4～11）。在最後部分那結論性的聲音中，智慧女神適當地再次將自己當作教師、天上之后、上帝的子嗣及創造的工具，再次開口述說其教導（32～36節）。因此，從這個首尾呼應的手法中可以看到，智慧的教師身分是一個主要的強調之處。夾在開首與結尾中間的是兩個詩段，分別是關於智慧女神在神聖護佑（22～31節）與創造（22～31節）中的角色。這文學結構所得出的顯著效果是：那構成宇宙及以神聖護佑來統治創造物及歷史的神聖智慧，既是未受教育者的導師，也是在精巧的詩文形式中的智慧教導的體現。

文學結構與詮釋

近似於一章20至33節的形式，智慧女神成為吟遊教師，她尋找未受教育者並向他們發出接受其教導之邀請（八1～3）。發出這邀請的地點很可能是城市及其中各種重要的場所，教師在那裏尋找並說服那些未受教育者去學習智慧。在這些場所中，很可能成立了一些智慧學校，但這些學校並不是在房屋中或者與現代的教育相關的結構中出現的。[8]對於古代希臘化世界中的學校，我們有更多的資料，而且在其後的文化中，吟遊教師也確實是廣為人知的。教師與哲學家穿梭於城市與鄉鎮之間，勸導學生們接受他們那知識的教導。通常，學生或其家人會付出某種形式的學費給那些教導他們的教師。勸戒是一種規勸的形式，是設計來邀請並說服學生進入一個學習的課程之中；而勸勉（paraenesis）則同時有著「告誡」與「宣稱」的意思，亦即那為到未受教育者形構道德生命的教導，這教導並會驗證那教誨的正確性。儘管在一章20至33節及八章2至3節中記載了智慧女神的出遊，但以色列與猶大的教師是否同樣也會到處尋找學生，卻並不十分清楚。此外，便西拉注意到那些智者會前往異邦之地學習智慧(便西拉智訓三十九 4)。

除了城市成為散佈智慧教導的社會場所之外，世界也必須被視為一個讓智慧女神作為吟遊教師而四處周遊的城市實在，以讓她在其中作出指導。因此，智慧女神到達的高處，很可能就是城市中心的衞城(acropolis；對照箴九 3、14)，在那裏她提出邀請，並在入口處(亦即「大門」)以及在通往城市中心的路旁，對一座城市發出召喚。在這個讓人類交流、居住及組織社羣的世界中，智慧準備好自己，並且尋找那些會向她學習的人。在這意象的使用中，上帝的內在性得到神性智慧的形式，而變得真實且得到有效性。在以色列與猶大的居住世界中，神話性文本通常都將宇宙——亦即人類所居住的世界——描述為一座城市。重要城市——像是在政治以及/或宗教上的首都——被看作是主要的神靈或諸神所居住的實在的中心。在那裏，創造及神性護佑的神祇或諸神，乃是透過神聖法則、聖殿禮拜，以及人類的禮儀來維持創造的秩序。在其中，神話性的與歷史的混沌力量，都不能消耗那賜予生命的創造秩序(見詩四十六篇，四十八篇，七十六篇）。像耶路撒冷這種宗教城市，包含著神聖地被揀選的君主政體、偉大神祇或諸神的神殿或神聖居住地，以作為天堂與大地之間的連結。

高處（*ro's meromim*；箴八 2；見撒上九 12～25，十 5、13；王上三 2～4；耶十九 5，三十二 35）很大可能是關聯於在古代近東的一座城市中的聖殿的地理位置。聖殿通常座落在一個城市的最高點，表達出神聖超越性的意象，以及代表進入諸神之住處。這或許就是為甚麼聖所（sanctuaries）在古代以色列通常都被稱為「高處位置」（*bama*）。除了聖殿之外，貴族宮殿也被置於高處，當中的部分理由是為了防禦，亦為了在視覺上象徵君主政體那令人敬畏的權威。的確，貴族宮殿與城市聖殿通常都建在鄰近之處，有時甚至位於相同的建築羣中，讓君主政體得以動用那從主要的禮拜儀式而來的合法性，以得到統治國家之權威（見王上五～九章）。因此，耶路撒冷的聖殿座落於高處（見耶十七 12，三十一 12；結二十 40），就像所羅門宮殿的所在處。因此，在八章 1 至 3 節，教師使用這個把城市當為宇宙神話的意象，來發出她那呼召人來到她面前並跟她學習的邀請。

這些進入其學習之旅的人，分享了神聖智慧那賜予生命的力量，以及由神聖智慧創造及維持的創造秩序。智慧不單作為君主政體或聖殿的智慧，更成為天堂與大地之間的連結。

智慧女神在城門出現（八 3；見一 21），也表達著一個重要的城市意象，因為這是進行交通、商業與法律程序的主要場所。主城門是一個大型建築結構，裏面有著用以進行商業及司法審訊等多樣公共活動的房間（例如，撒下十八 24，十九 1）。先知來到這門，宣告審判與救贖的神諭（摩五 12、15）；而法官則召開會議，處理法律爭論（撒下十五 2；伯二十九 7）。商人們可能也在這裏為往來城市的旅人提供物品；而教師則在這建築物中聚集學生並教導他們。因此，智慧女神在城門下所發出的邀請與教導當中，已經使用了人類活動、商業、正義與教導的意象，這一切都是人類社會組織及存在的核心。智慧成為社會秩序與維護生命教導之基礎的媒介，亦即智慧正在維護創造。

智慧女神的實在並非只是一個城市中心，在其範圍內也住著各種不同的居民與旅人，他們都在其中汲汲營營地過活；她的實在也是一個讓人類居住的宇宙。當上帝的超越性使得在人類生命中的神聖參與成為問題，智慧女神卻並不代表人類那靈性的沉思、也不代表透過虔敬的安靜或儀式禮拜而與上帝神祕地相遇。相反，智慧女神進入人類生活的大路與小路中，試圖教導那些願意回應她那召喚的人。她給予他們的乃是生命的教導，向他們提供方法去與世界和諧共存，以及在商業、家庭及政治等各種日常的事務中取得成功。智慧不是要從世界中逃脱，而是要完全且充分地參與在上帝所創造的人類實在之中。智慧女神成為天堂與大地之間的協調者，以及上帝與受造人類之間的協調者。

在第二詩段中（八 4～11），敘事者表達的方式改變了，從一個以第三人稱來説話的含蓄智者，變為以第一人稱進行描述的智慧女神，她向人類説出其勸戒（一21、24、28，九 3）。現在，智慧女神將她對個別的人的邀請，延伸至那些未受教育的愚昧人身上，邀請他們前來並接受其教導。明顯地，這邀請是普遍性的，並不限於以色列人、猶太人、富人、有權勢的人或男人。由於智慧是向所有接受那向她學習的邀請的人開放的，所以更確切地説，這邀請是普遍性的。然而，實際上更為可能的是，智者們與他們的贊助者（例如法庭、殖民地政府與僧侶團體的組織）會特別多的訴諸那些更為富有的對象，這些對象的家庭有能力負擔學生的教育開支，因而可以預期他們的孩子可進到較富有及具影響力的行業以及社會—政治圈子。然而，如我們之前所見，智慧女神不只是智慧傳統的體現；她也是上帝的「聲音」（見賽四十3、9），這位上帝也透過智者們的教導、創造的秩序、被智慧的教導所指引的人的精明行為而啟示自己。

第二詩段（八4～11）展現出智慧女神肯定其言說的整全性，以及其教導的真實性。她以一位教師的身分說話，是要強調她所發出的口頭上的內容的確實性。她說著「高貴的事物」、「甚麼是對的」、「真理」，以及那些「正直」與「正確的」的字詞。她否認其所說的包含著「邪惡」，這是「她所憎惡的」或是「扭曲或歪斜的」。這種在語言性質上的對比，對於智慧對文字的理解而言，乃是中心性的，因為文字不只擁有創造及加強生命與安康的能力，而且，在欺詐與腐敗中，文字也擁有蹂躪與破壞說話者與接受這些欺詐之言的人的能力。[9] 的確，智者們認為說出來的文字的特性，在於具有形塑人的道德性情的力量，不論這些人是智人還是愚人、正直的人還是邪惡的人。這文字在人類的生命中成為形構性的力量，指引著智者們與愚人們的行動。因此，在 10 至 11 節中，智慧女神作為一位老師，再一次將自己向學生所提供的東西，與珠寶或人們所渴求的一切作出比較。的確，智慧是無可比擬的（特別見箴三 13～18）。

在這詩的第三詩段（八 12～21）中，智慧女神以天上之后的形象——亦即生育女神的外表——出現，她是神聖統治的象徵性代表，也代表著生命、財富、尊榮與昌盛的給予者（18 節；昌盛即 *sedaqa*，修訂標準譯本〔RSV〕將之譯為「昌盛」〔prosperity〕，這字詞更恰當的解釋應是「公義」，亦即那遍佈在宇宙中的正義秩序，管理並維持人類社會，並使其中的國王與統治者能明智地進行統治）。使用那些來自古代近東的戰爭、智慧與生育女神的神話意象（見依楠娜〔Inanna〕、伊西塔、瑪特與伊西斯），智慧作為一位莊嚴的女神及天上之后而說話，她不只擁有豐饒與智慧這些必要的禮物，也擁有力量與權力去控制大地，並作為統治者而指派君王，這些君王「裁定甚麼是正義（*sedek*）」，並且是「統治大地」的「貴族」（八 15～16）」。她將那創造生命及審慎的忠告（*'esa*）分發給君王，以協助他們成功地計劃，並明智地進行統治。[10] 國家的社會與政治結構要盡量符合那更大的宇宙秩序，他們才可以體驗到穩定、成功與安康（見伯十二 18，三十六 7）。

然而，即便智慧女神對統治者們所作的神聖任命，也受條件所限，就是需要那些愛她的人及自行尋找的人願意接待她。這說法與愛的意象連結在一起，持續表現出那些將會成為有智慧的人對知性的熱切追求。對一個熟知古代近東的神話故事的聽眾而言，這種語言型態是熟悉的；這些神話故事論及生育女神，她們給人類分配報償，那些得到報償的人是生育女神的後代，甚至至少在一段時間之中，他們是生育女神的愛人。智慧女神的報償，是給予那些在其追求中成功擁抱她的人，以及那擁抱傳統智者們所尊崇的最高價值——即「財富與光榮」、「持續的財富與興旺」——的人。[11] 最後，在這論述中，智慧女神再次宣稱，她的禮物優於其他被人高度尊崇及追尋的寶藏，即：「黃金」、「精金」與「精選的白銀」（見三 13～18，八 11）。因為智慧女神自身走在「正直」與「正義」的道路上，那特有的物質上的禮物便是供給那些盡力模仿其行為，以及跟從其教導的智者們的（八 20～21）。這是與所羅門因著祈求「統治人民的明辨之心」而得的禮物相似（王上三 10～14）。在列王紀上，「具智慧的文士」則以申命記學派對智慧傳統的描述來表達這種語言，這些「具智慧的文士」也將智慧融入於申命記的律法之中。

八章 22～31 節延續這首關於智慧女神的詩，在其中，智慧繼續以第一人稱的方式言說，唱著一首自我讚揚之歌，談到她作為創造者的後代，成為受寵愛之子，並很快地成為天堂與大地之間的中介，以及談論到在這一切當中她那太初的根源。[12] 在這智慧詩歌中，耶和華其中一個引人注目的形象就是神聖的家長。智慧是第一位「被創造」（八 22；*qana* 字面上的意思是「被生」）及「被生」的（八 24～25；*hul* 字面上的意思是「出生」）。*qana* 這動詞可能意味著「取得或得到」，在這個兩種意義中，可以是指取得（例如）智慧（箴一 5，四 5、7），或者購買某物（出二十一 2；當中指買一個希伯來奴隸）。這動詞也承載著「展開創造」的意義 。因此，上帝「創造」天堂與大地（創十四 19、22）或者上帝「創造」人類（詩一三九 13）。在創造的例子中，這詞更為明確的細微差異在於生育，如申命記三十二章 6 節中這詞是指生育，在這段經文中，上帝創造，亦即作為以色列的父親。*hul*（帶出）這動詞更加特別意味著在生產的痛苦中那扭曲身體的動作（申三十二 18；伯三十九 1；詩二十九 9，五十一 7，九十 2）。由於這動詞是被動式的，看來就像清楚的表示到，智慧所說的是指耶和華就是生出她的那一位。在這生產的比喻意象中，耶和華同時被呈現為智慧的父親與母親，即創造她的那位，讓她成為創造中的首生者。

《修訂標準譯本》對八章 22 節中的 *rē'sit darko* 的翻譯是「在他工作的開始」。這翻譯或許是一個對創世記一章 1 節（*bere'sit* 即「在開始時」，或「當〔上帝〕開始」）的回應。更可能的是，在箴言八章 22 節中，*rē'sit darko*的意思是「祂首先的〔創造〕活動」或者「在祂的創造中首生的」（見詩七十八 51，一〇五 36；伯四十 19）。「第一」這詞語所指出的是，智慧是神聖創造的最先的創造物。這也可能指到這是在上帝的所有創造物中最好及最有價值的（例如收成中的「初熟之果」；摩六 1、6）。頭胎之子在以色列與猶太社會中具有特殊的地位（創四十三 33），並且可得到兩份的家族財產（申二十一 17）。在父親死後，長子將會成為家族之首。[13] 然而，在八章 22 至 31 的詩段中，智慧卻是一個女性的後裔。這意味著，此詩摒棄那給予男性較高地位的社會傳統。「工作」（*derek*；八22）這個字在箴言的其他地方通常指向那通往智慧的「道路」、道德活動，或者生活的進程（箴言二8，三6、23，四26，五8、21，十29，十一5，二十24，二十九27，三十一3），「他的工作」（*darko*）很可能是指創造或創造活動（伯二十六14，四十19）。

《修訂標準譯本》將23節中的動詞翻譯為「我曾被立」（I was set up；*nissakti*），暗示到以下兩個活動中的其中一個：「傾倒」（創三十五14；出二十五29），或許反映了在生育的過程中，穿羊水時的情況；或「就職」，即一個人作為統治者，開始其統治（詩二6）。以上的第一個含義能與創造的意象相容，當中，創造乃是作為生命的產生與誕生；而第二個含義，則指向智慧女神在宇宙中的高貴地位。當然，這兩個比喻都有著神聖創造與神聖護佑的暗示。

在23節下至26節之後所接著談到的，是一個經常出現在多個古代近東的創造文本中的公式。每一句話的開頭（26節下）都是「當沒有」或「之前」。在智者們及神話製造者的想像中，在創造之前的實在都被視為無生命的混沌，而且是沒有形式或形狀的。因此，創造不是 *creatio ex nihilo*，亦即「從虛無中創造」；而是在上帝那給予生命、改變以及形構的活動之先，只有黑暗、強大之水的力量，以及非生命的存在（見創一 1～2）。上帝對那從混沌而來的萬物進行形構，使之分成三部分：大地、深淵與天堂（天空）。因著大山被當作實在的支柱、「在淵面的周圍，劃出圓圈」（亦即混沌），以及「立定高天」，宇宙便得以保持穩定。因此，創造是神聖建築師精巧地製作與穩固地建造的實在，祂的細心工作保證到創造不會倒塌（見伯三十八 4～6）。

在 29 節，耶和華論及兩個法令。第一個法令是要為「滄海」定出界限，這涉及大海之王（Prince Yam），他是迦南神話中的大海之主，為了統治地球而與豐饒之神巴力（Baal）戰鬥。大海之王是混沌的化身，大海威脅著創造的秩序。這第一法令——是祂口中的話的創造力的例子（見詩三十三篇）——定出界限，使大海之王不能越過界限而去破壞這個富饒的地球。另一個法令，是為存在「立法」（*huq*）以立定「大地的根基」。這些法令反映了法庭的審判，讓新創造得以穩固，並使之能持續下去。

30至31節呈現了這首關於智慧女神的長篇詩中最使人費解的部分。特別是智慧女神將自己描述為一個“amon”，《修訂標準譯本》將之譯為「工匠大師」（耶五十二15）。這翻譯表示到智慧是一個會設計並建造的建築師，而在這個例子中，智慧所設計及建造的就是宇宙。這翻譯充分地關聯於當中的處境，因為27至29節將耶和華描述為建築師。所羅門智訓七章22節認同於這個將智慧女神描繪為工匠（*technitis*〔artisan〕）的觀點。然而，或許那更為精確的翻譯應是「小孩」（見*'aman*；「餵養」、「照顧」、「教養」一個嬰兒或幼兒；民十一12；得四16；撒下四4；斯二7；賽四十九23；哀四5）。在這首詩的先前部分，智慧女神表明她是「父親」與「作為生父」。如果這翻譯的意義是正確的話，那麼智慧就是「哺育中的嬰兒或小孩」，令耶和華持續地（「每日地」）感到「欣喜」（耶三十一20；賽六十六12）。智慧就像一個小孩子，在他的神聖父母面前感到「欣喜」（*sahaq*；在這裏更好的翻譯是「遊戲」，箴八30；見士十六25、27；亞八5）。她在祂（耶和華）所「居住的世界」中感到「欣喜」（或「使其歡樂」；箴八31；見耶三十19，三十一4；亞八5）。這智慧小孩的

「遊戲」，以及父母在小孩身上所得到的「欣喜」，是談論智慧的一種想像性方式，將之表達為天堂與人所居住的大地之間的連結，或造物主與被造世界之間的連結。[14] 智慧作為神聖的屬性，克服了超越的創造者與人類所居住的世界之間的距離。耶和華在神聖智慧的特性與活動中所感到的欣喜，是那使創造得以維持的力量。

這詩的結束詩段（八 32 ～ 82），再次將智慧描述為一位教師，以完成那始於導論與第一詩段的循環（1 ～ 3 節、4 ～ 11 節）。在她作為天上之后以及神聖之子的基礎上，現在她再次邀請「她的孩子」去聽從她的教導並持守她的道路。上帝用以創造與維持世界的神聖智慧，現在被賜予人類。人類透過體現那智慧的教導，得到機會去經驗創造那維持生命的力量。並且，透過他們的行為，他們能對宇宙以及人類社會秩序的維持作出貢獻。

在這結論性的規勸或邀請中，智慧教師兩次使用「快樂」這個字（*'asre*；八 32、34）。如同之前提及的（三 13 ～ 20），「快樂」乃是指安康的狀態，而智者透過與智慧的聯合而進入這種狀態。透過對智慧的學習與實踐，學生「成為智慧之人」或進入那最適合被描述為智者的狀態，這是一種存在狀態，在其中，人的品性是由智慧傳統所形構的（八33）。

目的

這首論到智慧女神的長詩，將智慧傳統呈現為神聖特質的象徵性的擬人化表達，或許這在智者們眼中的關鍵特質，亦正是上帝用以對世界及其上的居住者進行創造及施予護佑的關鍵特質。這神聖智慧因而成為教師，教導那些未受教育者，使他們有可能參與那神聖、賦予生命的創造力量。不過，她也是天上之后，她揀選地上的諸王，然後給予他們生命與忠告，使他們能明智及良好地進行統治。智慧在這角色中，對那些以神聖權力來統治的諸王及統治者，所提供的是一個保守的教導，意圖強化那在早期波斯時代新興的社會—政治及宗教秩序。

智慧也成為神聖兒童，存在於創造中，甚至活躍於其中。在所有受造物中最具價值的智慧，也成為造物主與被造世界之間的協調者。當耶和華漸漸被理解為一位超越者，亦即表示祂離開人類所居住的地方，並因而離開人類知識與經驗的範圍；而智慧的擬人化及其所體現的傳統，則成為認識上帝的方法。甚至愈來愈多的智慧傳統成為了神聖啟示的主要來源，而直接提供關於上帝的教導及祂對人類行為的神聖意願，並讓智者得以正確地觀察宇宙的法則及運作，從而使他們得到關於創造者的一些洞見。

神學

在箴言八章，智慧女神具有智者的外表，並邀請學生採納其學習方法。而且，作為天上之后，她揀選諸王以進行統治，並向他們提供財富與洞見作為禮物，好讓他們能夠明智及良好地進行統治。這種對智慧的理解，讓智者們得以言說上帝的護佑；他們持續地管理創造物，有時並會喚起神學上的論據，使諸王從神聖智慧中得到其統治的合法性，這神聖智慧亦就是創造主。

同時，這首詩設想宇宙為一個具有良好秩序的住所，其結構是由一位神聖建築師所設計的，這建築師並以智慧去形構出一個具藝術性及良好地整合的建築。此外，耶和華透過立定大地的根基，而為滄海定出界限，以保護大地，並命令大海之王不得越過受造生命的界限。在這裏，沒有證據顯示曾經出現過創造者與混沌之獸間的宇宙性爭鬥（見伯四十 1 至四十二 6；賽五十一 9～11）。然而，透過神聖命令與智慧女神的秩序與持久之力量，創造物的存在能夠不受威脅，而得以被維護並持續地存在。只有那些拒絕智者們的教導的愚頑人，他們所拒絕的就是智慧女神的邀請——採取合適的學習方法，學習謹慎地行事——而他們那些損害生命的行事方式，卻可能損害那美好的創造，並破壞那在原初時間所建立的生命秩序。相反，接受智慧女神邀請的學生，卻試圖將她視為心愛的愛人並擁抱她，他們將發現及經驗到生命中那些有益的特質。而且，至少在一些細微之處，智者對創造的秩序，以及其在未來的延續作出貢獻。

六　論智慧與愚者之詩（九 1～18）：為心而爭論

導論

在波斯時代初期，猶太傳統與異邦文化之間的衝突，再次呈現在這開放文集的最後章節中。就著這點，此文集將智慧擬人化為各種形象，包括：智慧教師，她邀請未受教育者追隨其生命之道；上帝首生的愛子，在其身上，創造者得到喜悅；實在的創造的見證人（若不是創造的參與者的話）；天堂與大地之間的協調者；根據天意來統治人類的居住世界的天上之后；並且是賜予財富、榮耀，以及長生的神聖女神。現在她被描述為生命女神，她建造其宮殿，以舉行對她的禮拜儀式，並且派遣其使女們去邀請愚昧人參與她那生命盛宴（九 1～6）。在這生命盛宴的場景中，智慧女神恢復她那教師的角色，向那些意欲向她學習的人，提供她的最後教導（九 7～12）。

在這些對智慧女神的詩性比喻背後的是智慧傳統，這傳統乃是智者們在法庭、聖殿與古代以色列，以及早期猶太教城市的學派中形構的。這傳統吸收了那被智者們視為猶太生活的基本德性的東西，這基本德性在個人與社會存在中被流傳、教導與吸收。教育、榮譽、財富、長生與家庭的價值，被置於一個社會與宗教上的保守主義的輪廓中，而成為一種勸告，對抗著極端的革命活動與不法行為，以及更為常見的隱藏的危險、魯莽的圈套，以及那些破壞殖民地、國家宗教及傳統家庭生活穩定性的愚昧行為。

這些極端的行為與陷阱也在這初始文集中，被擬人化為一個經常會遇到的人物類型，這人物類型一般被稱為「異邦女子」，這是由許多意象所組成的，而這些意象卻都分有「愚昧」的特性。有時候她是淫婦，放棄與年輕人的婚約而去誘惑那些無知的愚人（二 16～19，六 24～35）；有時，她是一個娼妓（六 26）或外邦妻子，引導愚人走向其滅亡，並搶奪傳統家庭的財富（五 1～23）；以及崇敬豐饒神祇的淫婦，並以非法的性誓約來欺騙愚人（七 5～27）。在每個情況中，與「異邦女子」廝混都會引致愚人的毀滅與死亡。

現在，她被視為「愚婦」，並且是吵雜與肆無忌憚的娼妓，坐在她那位於市鎮的「高處」的房子旁邊，邀請那些愚昧的人進入並吃她的粗劣糧食。這愚笨的人接受她的邀請，並盲目地進入其房子中，卻發現他所進入的只是死亡的領地。這個常見的人物，也代表某種比愚昧與不當的性行為更重大的東西。更確切地說，她同時也代表著那引向猶太傳統的毀滅，以及破壞德性與價值的異國文化之宗教教唆；無論是透過全面的背離，還是緩慢的同化，或是透過不智的甚至是虛無的行為，她都引向那在早期波斯時代力求成形與保存的保守的猶太教的瓦解。在那更大的波斯帝國中，家族、宗教與某些猶太身分認同的基準，實際上是智慧女神與其敵人——愚婦——之間的衝突的成敗關鍵。

文學結構與詮釋

箴言九章1至18節乃是由兩個詩段的優美詩所組成的（九1～6、13～18），當中包含一個簡短教導；在其中，智慧女神的聲音再次清楚地被聽到（在11節中的「藉著我」指向在10節中的智慧與知識）。這首詩的兩個詩段，將邀請愚昧人參與其生命宴會的智慧女神，以及那嘗試誘惑未受教育者參與其導向死亡的筵席的愚婦，作出對比。這智慧教導的「非此即彼」（either-or）是對在申命記的倫理規勸，以及對申命記學派的教導的回憶，當中談論到生與死的決擇時，涉及的是順從或漠視妥拉（申六1～3，八11～20，十一13～17，二十八1～68；書二十四2～28；耶七1～15）。智慧女神為了在最後再次張開她的口，便再次使用「敬畏耶和華是智慧的開端」這關鍵的重複句，這重複句是此文集的起始，而現在更形成一個引人注目的首尾呼應（一7）。

只有那些向她學習長生之道的人，才會被賜予智慧。

這首詩的文法編排，跟其開首(九 1～6)及結束(13～18節)的主題式組織是相當一致的。兩個主題(智慧與愚昧)都是在第三人稱中被談論的。兩者都邀請並嘗試去說服未受教育者參與其宴會。然而，有關愚婦的詩段卻增加了一個沒有出現在最初詩段的元素：那被愚者的邀請所誘惑的愚頑人的命運，依據死亡而被生動的描述。愚頑人作為愚者的宴會上的賓客，而被列在死者的名單之中。

在一個較不具比喻性的方式中，這首詩談到智者們對未受教育者的邀請，乃是邀請他們去採取他們的學習方法，以讓他們可能找到生命，並躲避愚昧、賣淫、通姦、豐饒宗教、文化與宗教的背叛，免於被異邦文化所同化，以及避免落入這一切所造成的毀滅性圈套之中。智慧與愚昧之間的爭鬥是真實的。這是兩種非常不同的生活方式之間的強烈衝突，以及來自智者們思考的方式的兩種非常不同的結果：生與死的衝突。

在這首詩的最初詩段(九 1～6)中，智慧清楚地被表現為生育女神，她建築其七根梁柱之住所(宮殿或神殿)，然後派出其使女們去發佈邀請，邀請人們到一個奢華的筵席中慶祝其住所的奉獻。人們對建造這房屋的意義有各種方式的理解，這些理解包括：宇宙的創造就像一個建築師先進行設計，然後建造出這世界；宮殿或神殿的建造；智慧傳統的形構；一首詩（九章的一首詩）、十個教誨的廣泛文集，以及在一至九章那幾首智慧詩的文學建構；貴族的居所；學生能居於其中的學習之所。如果在第八章那顯著的詩文中那智慧女神的早期意象也被考慮到，其建築就可能表達出許多層次的意義：其中之一是她設計並建造宇宙（箴八 30 中的 *'amon*，即作為「建造者」；所羅門智訓七 22）；天上之后以其宮殿之建立及盛大的宴會作為奉獻儀式，以展開其統治（箴八 12 ～ 21），向那些得到其學習方法之人提供一個學習之所（八 32 ～ 36）。再合併這些意象於一首華美詩的「建築」之內，智慧是神聖創造以及維護的能力，產生並維護那充滿生命的宇宙，並且化身在智慧傳統及其教師們當中，以提供生命與安康給所有向她學習的人。

智慧「設置」（其希伯來原文更應被理解為「鑿出」）她的七根柱子，暗示出一個意象：穿著新衣的石匠，將那些從採石場移來的石頭，鑿成圓柱（見代上二十二 2）。柱子可能被使用在一個碩大的公共建築中，以支撐建築物的屋頂，雖然所羅門的聖殿的門廊之外，放置有兩條自立而不具支撐作用的柱（王上七15～22、41～42），這些柱子可能具有象徵性而沒有功能性的目的。這些所羅門之柱的含義，包括：石柱（*stelae*；即希伯來文*massebot*，代表在迦南人寺院中的神祇）及支撐宇宙的穩定的地上之柱（伯九6；二十六10～11；詩七十五4）。「七」這個數字也引申出許多解釋，包括這建築（例如一座宮殿或神殿）或行星的寬度大小。

在第一節，對於理解智慧的活動的那個或許最令人注目的爭論，是將房屋的建造與其七根支柱的設置（事實上是「鑿出」）等同於神聖住所，因而具有神學與宇宙論上的象徵性。耶和華居住在耶路撒冷的寺院中的神話性象徵（特別見詩四十六篇，四十八篇，七十六篇）以及迦南神巴力建造其宮殿，以表示他取得在巴力神話（米沙碑文〔ANET〕）中的合法地位；這是兩個平行的例子。耶和華聖殿的建築記載在列王紀上五至八章之中，而巴力的神殿的建築則出現在巴力神話II AB v～vi（米沙碑文：133～134）中。這些建造神殿的行動，乃是指向他們各自的諸神的統治權力，將諸神視為以天意來維護世界的那位。在耶和華的例子中，祂被呼召去持續地統治以色列，對有罪的國家施以懲罰並獎賞忠誠者；在巴力的例子中，巴力是混沌之獸羅騰（Lotan）的征服者，以及後來在其配偶阿那特（Anat）的幫助下，而能贏得部分宇宙的控制權，他所統治的區域是與地下世界之主莫特王（prince Mot）所共享的。在這兩段描述中，聖殿建築的細節被呈現出來；在耶和華的例子中，接著所描述的是一個盛大的筵席，以慶祝對其神聖地位，以及對創造與國家歷史的領導權的確認；而在巴力的例子中，這個盛大筵席則是慶祝其對創造的領導權，以及也暗示著其對人類生命的領導權。

若透過這些透鏡觀看而進行理解，那麼，智慧建造其住所以及鑿成其七根柱子之行動，很可能是象徵地指向她成為天上與大地之后，她在創造中在場，並且或許也是神聖的建築師，耶和華透過她去創造一個結構精良的宇宙。她也成為持續地去維護實在及生命構造的那位。透過承認她的統治，那些未受教育者至少得到部分關於上帝的知識，並得到那用以保護自己的生命，以及致力於延續社會與廣大世界的穩定性與延續性的必要教導。

在她完成其建造行動之時，智慧屠宰（可能是「獻祭」）她的野獸、調配她的酒，並且擺設筵席。她接著派遣其使女前往城鎮中的最高處，邀請愚昧人參與其豪華饗宴。由於肉與酒都價值不菲，普通人很少能夠享用這些東西；肉與酒通常只會成為與儀式禮拜的節慶中的佳餚。這個由智慧女神的使女們發出邀請的筵席，相當於那為耶和華與巴力的統治所舉行的官方就職典禮的慶祝形式（九 2～6）。智慧在天堂那正當的位置以及其對宇宙的統治，至少尤如耶和華的神聖德性，現在被參與這個啟動其統治之始的宴會的來賓所承認。智慧女神只邀請未受教育者分享她那導向生命的飲食，而不是邀請那些熱愛儀式禮拜的人來到她的餐桌上。

智慧女神的使女們——暗指到她的神聖隨從或生育女神的神聖信徒——從城鎮的最高處，唱著她們那迷人魅惑之歌，邀請愚昧人參與她的筵席。那最高之處也相當適切地與那更大的皇室或儀式禮拜的意象併合起來，因為聖殿與宮殿通常都座落在城市的最高點，以象徵權力的尊貴，以及對攻擊提供最佳的防禦。智慧女神所派遣的使女，邀請愚昧人加入的筵席，乃是一場生命之宴。透過放下他們那愚昧與單純的行為，未受教育者加入的不是一場按字面意義而言的肉食與美酒的宴會，而是生命的節慶。他們邀請未受教育者參與的，不是情慾上的親暱行為，而是一場生命之宴，以及對智慧女神的接納，智慧女神的洞見與生命之禮物，遠勝於任何由生育女神所提供的禮物。智慧以創造與生命的女神的身分，取得在聖殿的位置，並邀請所有人到來崇拜她。

隨著她那聖殿的完成及向愚昧人發出邀請——邀請他們參加其那酒與麵包的宴會——智慧女神再次以教師的聲音說出其生命教導（九 7～12）。開始時，她提出警告，反對向「褻慢人」與「邪惡之人」作出懲罰（或懲戒）或責備。*Yoser*（「懲罰」）的分詞與 *musar*（「懲戒」）有著相同的字根。在箴言中，這字根通常是用以指涉學習、反省與虔誠的法則；智慧教學的形式與內容；以及訓誨（伯四 3；五 17；箴 一 2、3、7，十九 18，二十三 23，二十九 17）。學生們被警告不要浪費力氣去教導「褻慢人」（九 8），因為他們不可能接受教導（十三 1；十五 22），這是由於他們擁有喜歡爭吵與驕傲的天性（二十一 24，二十二 10）。「褻慢人」相當於「邪惡之人」，由於不道德與輕佻的態度而不能習得智慧，並因而不能體現智者教師所教導的正直。邀請褻慢人與邪惡者去採取智慧的學習方法是一種徒勞，因為他們沒有那容讓教導進行形構的意欲及馴良的性情。相反的，即便只是提供附加的教導，智者與正直的人，也會在智慧與正義感上有所增長（九 9）。智慧與正直感的體現，是一種持續一生的追求，因為沒有人可達到最後的完滿之處，以及得到完美的知識與性情。

智慧女神作為教師，現在重述那常常被重複的宣稱，以談論接受她那追尋智慧的邀請的基礎，這宣稱就是：「敬畏耶和華是智慧的開端」（九 10；見一 7）。這個重複句為整部文集的一至九章提供了極重要的內涵。這內涵是透過對主的畏懼，亦即虔敬地宣稱耶和華不單是創造者，而且也是生命的維繫者與智慧的給予者而得到表達的。對於構作這文集的智者們而言，那讓人深入了解上帝與存在，並且體現在人類的特質中的這種智慧，並不是得自天生的聰明才智，而是一種神聖的恩賜，並且是給予那些敬畏上帝之人的恩賜。對智慧的邀請的接納，以及對知識及洞見的追求，必須以忠誠的懺悔作為開始。智慧不只承諾會提供洞見，而是一旦接受智慧，每年都會得到更多的洞見（九 11）。12 節以那些追尋智慧而成為有智慧的人，與那些因愛好爭辯及其傲慢的行為而飽嘗惡果的「褻慢」人，作出鮮明那對比。

這首在第一文集的最後的詩章，其第三段與最後的詩段是九章 13 至 18 節。這詩段相對於在九章 1 至 6 節的第一詩段而言，乃指出那些拒絕接受智慧女神的邀請，卻去接受她的復仇女神（nemesis）——即愚婦——的邀請的人，災難正等待他們。相對於智慧女神給那些接受其宴會的邀請的人，賜予生命與加添年歲，愚婦卻是無恥且淫蕩的娼妓，她誘惑其追隨者，並帶領他們進入「陰間（Sheol）的深淵」。

愚婦——智慧婦人的對立者（見箴十四 1）——可以多種方式被理解。首先，在這文集的較前部分中，對「異邦女子」的描寫，可對比那對愚婦的描寫（見二 1～22，五 1～23，六 24～35，七 1～27），因而像是對這多樣性的形象提供了持續性。在較早的篇幅中，「異邦女子」是淫婦、娼妓與生育女神的愛好者。在這裏，愚婦相對於其對手智慧女神，乃是愚昧、魯莽及輕率的化身；她不只拒絕追尋上帝與智者們的知識，更以愚昧、好爭論、放蕩、喧鬧、無恥、目無法紀、不名譽，以破壞宇宙與社會的秩序。像在較早的篇幅所描寫的，她慫恿未受教育者與愚昧者步向毀滅。儘管愚昧者並非單純地承受著他們那些災難性行為的惡果。他們也同時對那給予生命的創造秩序與公義的社會模式，造成浩劫與混亂。因此，個人的輕佻、邪惡與愚昧，也會為創造與社羣帶來災難性的惡果。

這就好像表示那用以描繪「異邦女子」以及現在用在「愚婦」身上的形象，乃暗指豐饒宗教與豐饒女神引誘人對猶太的守護神作奉獻。在猶太的宗教中，欠缺了跟耶和華的神聖協作，而得以讓豐饒宗教對其潛在的追隨者進行引誘，以及向他們提供生命、青春與混亂。然後，智慧女神成為保守猶太人的熱誠的踐行者，以讓他們在後被擄時代中重構其宗教，以及為那個被分裂所威脅的社羣帶來延續性，並活化對猶太傳統的學習。

「愚昧」（*kesilut*；九 13）是一個陰性名詞，有愚昧與頑固的意思。在智慧文學作品中，「愚昧」是指缺乏感覺、沒辦法接受教導、在一種愚昧態度中行事與說話，並且違背那帶來生命並維持生命的創造與社會的神聖秩序的人。愚昧的結果就是毀滅（詩四十九 11；箴一 22，十 23，十二 23，十五 2，十五 14，十八 2）。

然而，誰是愚婦？在許多方面，她的行為讓人想起愚昧的人。她是「淫蕩」的，亦即缺乏自制力，是無恥的，以及她是坐著而非站在她屋子的入口。儘管她也坐在「城鎮的高處」的位子上(見箴五8，七8)，暗示這是權力的所在，並且是屬於一個神明或一個皇室人物的。這意象暗示到她在後被擄時期的猶大，不論在宗教上還是政治上，都擁有一個位置、地位，並且受到尊重。如同她的對手智慧之女，她也邀請未受教育者進入她的住所。她那誘人的演說，像是一般的妓女，撩撥那些路過的人，說到:「偷來的水是甜的，偷吃麵包是讓人愉快的。」她的宴會不是那些選擇去崇拜智慧女神的人，並且在公共空間中公開地分享的，而是在祕密中享用的可悲的一餐。與愚婦在其妓院中祕密的交合，將愚人帶往地下世界，只有亡者才會視之為住所，而不會有活著的人住在其中。

愚昧因而被描繪為生育女神，她將生命給予其追隨者。她召喚愚人與她同在，並且讓他們得到所有人都熱切地尋求的生命與安康。然而，愚昧所擁抱的肉慾並不導向生命，而是導向陰間，在那裏有「陰魂」(*repa'im*)居住著。她那房子的門口，就是進入死亡的入口。與智慧的行為對立的愚昧，只會對那些體現其重要特徵的人帶來毀滅。

目的

在這結束的詩段中，加插了一個將智慧與愚昧作對比的最後教導，這兩者都被擬人化為女神，她們在猶太的年輕人之中徵募跟隨者，以讓這些人追尋她們那南轅北轍的世界觀。智慧女神作為智者們在波斯時代中的教導之化身，邀請猶太年輕人採取她的學習方法，並去發現生命與安康。愚婦——智慧的仇敵——不單單代表輕佻與愚昧，也代表著一種邪惡，這邪惡會暗中破壞那正努力建立自身以求在未來延續下去的猶太羣體。在作為波斯帝國的殖民地的猶大中，智慧的德性化身在其中的年輕人身上，使那原初的猶太教能落地生根，並作為一個宗教羣體而存活下來。愚昧的邪惡與輕率，確實會為那形成中的猶太教帶來失敗。

神學

兩個對立的神祇為著宇宙與人類居住者的領導權而進行競爭，這在古代近東文學作品中是一個普遍的主題。在迦南，巴力與墨特，以及巴力與洛唐（Lotan）是永遠的敵人，他們都一心想統治萬物。在以色列中，巴力與耶和華是在尋求羣眾的擁戴上的主要敵手。利用諸神間的衝突的意象，波斯時代初期的智者們描繪智慧女神與愚婦為神聖的競爭對手，她們企圖統治人心及更大部分的創造物。

因此，智慧是天上之后，她建立其聖殿，向那些接受其施贈的猶太年輕人提供其生命饗宴。同樣地，愚婦則提供一些較不奢華的伙食，坐在城市與聖殿高處去引誘猶大的年輕人品嘗她的餐點。在這兩者之間的選擇，是生與死的選擇。最終來說，這種在生與死之間的選擇，就是在智慧與愚昧之間作出選擇。在波斯時代早期，猶太教的命運依賴於他們中間的年輕人在這最為危險的時代中所作出的選擇。

3

傳道書中的上帝*

劉澤佳 譯

* 本文乃二〇一〇年五月二十六日的中原大學「智慧神學中的上帝：Leo G. Perdue 訪台系列演講」中的部分講稿。

一　導論

歷史與文化的背景

傳道書（Qoheleth）看來似乎是智慧傳統的一部分，但同時卻又抗衡著第二聖殿時期的猶太傳統智慧。此書似乎是在耶路撒冷寫成的，其作者或許是一個私人學院的教師，他是在公元前三世紀的托勒密王朝（Ptolemaic period）中生活與教學。此書的調子聽起來類似於針對道德教訓所作的懷疑論，並且是源自於後被擄時代的猶太文化、雅典中期及新的學院派的懷疑論。在希伯來正典中，約伯譴責那報償性的正義；哈巴谷則對神聖正義提出質問，因為他看到上帝竟以邪惡的巴比倫人懲罰其人民；以及那些詛咒性的詩篇（如詩十三篇，九十四篇），都是在第二聖殿時期中那正在發展中的懷疑論——對主流神學學說提出質疑——的例子。

新學院派的源頭[1]可以追溯至伊利斯的比羅（Pyrrho of Elis；約公元前 365～272 年）。他曾在其軍事生涯中追隨亞歷山大（Alexander），並因著其傑出的學說而獲賜予雅典公民的身分。[2]他那不可知論（*akatalêpsia*）原則，是指人有能力去拒絕認同那關於事物的真相的教條，因為每一個宣認，都可能跟相同的理由及證據相牴觸。因此，對一個明智之人來說，保持智性懷疑的狀態便是一個恰當的做法。結果，能被合理地宣認的就只有平靜（*ataraxia*）及「遠離不安寧的自由」，此兩者皆導向心靈的平和。智慧之人應嘗試從尋找某種確切真實之物的徒勞中脫身，以避免產生情緒上的焦慮。[3]

希臘化

亞歷山大大帝對西亞地區與埃及的征服，結束了東方諸國原有的統治。他對這些地區的軍事入侵與管治，將希臘化引進東方世界，並在其中強調希臘語言及文化的優越。當中所產生的雜混性（hybridity），正如霍米．巴巴（Homi K. Bhabha）所說的文化之接合與混合，產生出一個繼承與改變的持續過程，這不只發生在埃及的古老文明與西亞地區之中，這轉變也出現在希臘世界本身。[4]

希臘化——亦即文化的輸入、改變與繼承——導致當地文化與希臘西方文化的融合；但這些承襲過程的結果，卻不是對非希臘世界之文化與語言的根除。然而，因抱持著希臘在智慧與藝術文化思想上優於其他文化的想法，埃及與西亞地區的貴族及智者領袖們便努力地模仿許多由希臘人所製造的文化規範與智慧學說，並且拒絕他們那些固有的本土文化，或對之進行修正。這與希臘的仇視心理（xenophobia）聯結起來，這種心理是在東方的希臘人與西方流亡者到來尋求財富與地位時所建立的，並涉及在他們所身處之地之中那些「較次等」（inferior）的文化。

的確，一般而言，希臘人——不管是那些要求以新世界的土地作為他們所付出之勇氣的報酬的士兵，還是那些認為東方有新的祕寶等著他們探索的希臘人——前往新的地方，都是為了尋找他們在家鄉所缺少的財富與地位。即便某些當地的本土羣眾中的智慧領導者，他們也看到西方帝國的建立者亞歷山大，以及他那些在後來形成的希臘諸國中的後繼者的卓越成就。因此，亞歷山大的征服不只帶來新帝國的秩序，也對這廣大世界中智者與貴族的傳統保守主義之假設，投之以絕望與懷疑的新文化形式。

希臘哲學、公立學園與傳道者

在猶大的（猶太—希臘）學派曾是構成那些居住在耶路撒冷及其周圍之人的希臘化猶太教的中心。公立學園（Gymnasia）存在著其中一些相關的適當元素，儘管沒有證據顯示其已達至全然成熟的地步。不過，似乎希臘的導師早於公元前三世紀（西蒙二世〔Simon II〕）就出現在高級神職人員的殿堂中。這有助於解釋為何西蒙二世之子傑生（Jason）——這位希臘化的領導者——會作為高級祭司（於公元前 175～172 年）而尋求建立一個鄰近於聖殿的公立學園，使神職人員便於進入耶路撒冷，並將之變為一個希臘的都市國家(被稱做安提阿〔Antioch〕)。

芝諾的文獻（Zeno papyri）排除所有的疑問而提出證據，證明在公元前二五〇年初期，希臘乃是猶大的猶太貴族與軍隊所廣為知曉的。希臘文在希臘近東的許多地方都成為文化、政治機關與商業的語言。因此，在傳道者的世界中，希臘文化與當地文化所形成的新智慧與宗教中心，不只在菁英之中形成，也在當地的農夫、商販、工匠、勞工與猶太商人之中形成。希臘文化到處滲透的證據，反映在希臘化時代猶太墓地的墓穴碑文所使用的希臘文之上。

希臘文化的懷疑論與傳道者

要了解傳道者，就要進入知名思想家們那些懷疑論文本中的文化世界，這不單是指那在希臘化地中海東部的猶太殖民區，也包括在猶大本身的地區。懷疑論智慧傳統乃沿自那屬於——或是至少可被包含在——中期與新學派的學者與思想家的影響，而中期與新學院派則始於伊利斯的比羅的實在論，而他生存的年代大約與伊壁鳩魯（Epicurus）相近。此外，從波斯帝國的晚期，以至那融合埃及宗教與傳統希臘文化的托勒密統治時代初期，埃及的智者們有時也會流露出對於傳統宗教與其他意識形態信念的高度懷疑。

一方面，我們難於確實的證明傳道者曾受希臘哲學與文化傳統的教育；而就此事而論，就算傳道者熟習希臘語言，他也似乎只是在支持一種存在於公元前三世紀耶路撒冷的商業、政治與智性的轉換的氣氛中的希臘文化的懷疑論。由於希臘持續擴張那些受到妥善保護及看守的道路與航線，使得前往其他文化區域的旅程變得非常普遍，特別對於政府官員與富人來說，更是如此。因此，當時存在著很多文化交流的機會。

希臘文化的懷疑論

兩個學院（中期的與新的）的校長，活躍於希臘文化時期的大部分時段，這是指從公元前二六九年到拉里薩的斐洛（Philo of Larissa）於公元前八十三年去世為止。當中包括阿昔西勞斯（Arcesilaus），他是中期學院的首任校長（σχολάρχης，公元前約 316/5 ～ 241/0 年），[5] 以及新學院的校長卡爾尼阿德斯（Carneades；公元前約 214/13 ～ 129/28 年）。希臘文化時期的學院著重懷疑論哲學，並與斯多亞學派（Stoics）相互競爭——特別是在真理是否能被認知這一事上。阿昔西勞斯並沒有著作，對他的觀點之理解，必須來自其論敵對他的分析。從阿昔西勞斯的那些論敵裏，我們得知他那最廣為人知的論述——也是惟一較詳盡地被保存的——就是其對斯多亞知識論的批判。他似乎聲稱，不論真理是否存在，真理都是不能被認知（*akatalêpsia*）的。[6] 他反對芝諾（Zeno）

與斯多亞，而認為普遍地將贊同的意見擱置起來，乃是合理的（即普遍的懸擱〔universal *epochê*〕）。[7] 他似乎認為，透過知覺與理性是無法認知任何事物的，因此任何理論的方法，都將導致對所有贊同的意見的拒絕。阿昔西勞斯可能曾作出如下的教導：在道德上，生活是要追隨實踐智慧（practical wisdom）的原則而保持節制。

新學院的其中一個領袖是卡爾尼阿德斯，他對學院的領導約始於公元前一五五年。斯多亞的感官知覺學說以具邏輯性、精準的方式定義，因而為那在理性上為真的宣認提供了基礎。當然，懷疑論者都拒絕這種基本的原理。他們那廣為人知的學說是 *akatalēpsia*，亦即，絕對的知識或真理的觀念是不能被獲取的，因為我們無法建立確切真實的判準。因此，惟一合理的結論，就是對任何及所有的宣稱都終止判斷或懸擱之。根據西塞羅（Cicero）的說法，卡爾尼阿德斯對所有學說進行方法論上的批判，他擁護「似真」（plausible；*pithanon*）這個重要概念，即一個命題可以被確認，但卻仍需受到質疑。即便如此，「似真」並不是一個導向真理的確實引導。若出現有論據及可信的論證，則任何結論仍然可被推翻。因此，卡爾尼阿德斯繼承了對那些單單建基於意見的斷言（assertion）的一種根本的希臘式的拒絕。雖然，他的學生克里托（Clitomachus）後來宣稱到，即便道德學說也只是無法被證明的意見，但它們卻可能用以提供生活上的指引。

因此，隸屬於學院懷疑論學派的道德哲學家便主張，真理或絕對知識是不可能為人所獲得的，因為我們無法建立一個絕對真理的判準。因此，惟一合理的結論就是，終止或懸擱對任何及所有斷言的判斷。根據西塞羅的說法，卡爾尼阿德斯乃是要對所有學說進行方法論上的批判。他確實擁護「似真」這個重要的概念，其理論是：一個命題可以被確認，但卻仍然受到懷疑。即便如此，「似真」並非分辨何謂真的可靠指引。由於，若出現具論據及可信的論證，便可以推翻任何的結論。因此，卡爾尼阿德斯對斷言那根本性的希臘式拒絕的追隨，也「僅僅」是建立在意見上。

二　傳道書中的想像與懷疑論

導論

絕望是那主導的情緒，潤飾著傳道者對「人生命中之善」的想像式追尋的內容與結果。傳道者不像那撰寫箴言書的詩人，他對許多傳統智者的宣認也提出嚴格的質問，這些宣認包括：報償性的正義、透過摩西五經所揭示的對知識的理解及祖先的傳統，以及在先知天啟觀中所宣稱的對未來的知識。在那神學想像中，傳道者卻未能肯定那對「上帝」的啟示知識；對於這位藏身於天堂，並且遠離人類所居住之處的上帝，傳道者提出一個在經驗與理性上的探問，以確定「甚麼是人類生活中的善」（六 12）。因此，他的追尋乃是倫理性的，但他要企圖證明的，卻不是一些德行條目，而是人類行為與實現的本質與方向。

他追尋多樣性的經驗，是希望可以為自己提供關於人類存在中「善」的知識；為此，他以消除自己所具有的神學或先入為主的定見作為開始。這些定見所指的不只是他的個人觀點，也包括那些智者的定見，特別是報酬的學說。根據他的經驗，他對行為與結果之間的關係提出質疑，因為在其經驗中出現「善得獎賞而惡遭懲罰」的反例。他認識到行動與結果之間並沒有因果關連，因而對報償的道德性格背後的範圍進行探究。那等待著智者與愚者，以及公義之人與不義之人的，是同樣的命運。

真理的知識與確定性不能被認識

傳道者被自身的神學想像所擊敗：上帝、宇宙與個人道德生活的德性，乃是不能被認知或確定的。他不能想像那些早期及傳統聖人所理解的秩序，他們將秩序理解為遍佈於實在中的公正與正義。那反映宇宙秩序的社會結構是壓迫性的（五 8）。傳道者不接受人類的任何行為能影響外在世界或個人經驗的內在現實。他那關於隱匿的上帝的觀點，乃是來自對智慧學說中的護佑（providence）與揀選（election）之反駁。

傳道者信靠分析與結果的經驗性理論，而透過一個不受阻礙、嚴格與理性之心靈作推論，產生出不無爭論性的論據。他在各種人類行為的經驗裏得出的一個象徵是氣息（*lbh*）。然而，若說這代表虛幻，倒不如說這表示一切皆是徒然的；當中的一個例子，就是人對知識與真理的努力追求。這是傳道者所能提出的一個宣稱，而他卻拒絕承認其他知識是可以被認知與證成的。在這裏，他認同於那些希臘文化時期的懷疑論者。

傳道者與死亡

傳道者的懷疑論穿插在他對死亡的想像中。對這位身分不明的聖者而言，相同的命運會降臨到智者與愚夫、公正者與不義者身上（二 14）。而且，在重述約伯的說話當中，傳道者提醒我們：某人結束他的生命之時，就如他生命的開始之時（「赤身」），他不能帶走任何遺下的財物與禮物。當他進入死亡之境，他不能帶走在勞碌中所得來的一切（五 15～17）。不管人們多麼努力地嘗試去維持那給予生命（life-giving）的「氣息」，死亡仍然是不可逃避的。在墳墓中沒有關於塵世事情的知識（九 5～6），在傳道者那裏也沒有任何關於來世的線索。墳墓是人們最後的住所（「永遠的家」；十二 5），在那裏，任何事物的知識與存在都不再持續。在死亡中，身體回歸大地，那給予生命的精神回歸到給出它的上帝那裏。聖者所肯認的其中一種經驗是喜悅，這喜悅在此書卷的修辭結構中，那些具有文學性策略的位置上出現過七次。[8] 因此，他告誡其學生，在能夠享受生活時，盡可能的去享受，因為黑暗的日子將會是無盡的（十一 8）。

傳道者的文學形式：遺囑（自傳）

除了那存在於希臘與希臘哲學中、流行於公元前三世紀的懷疑論，有可能影響到傳道者對生命與死亡的看法外，這猶太文本也跟埃及、希臘與羅馬的墓穴碑文與墓誌銘有著相似之處。作者為傳道書所選取的文學形式，相當符合那屬於希臘文化，以及早期羅馬世界的墓誌銘中的流行懷疑論，甚至是悲觀主義。

傳道書的文學形式，類似於以色列與猶太教中的遺囑文學體，包括一個家長對其孩子的遺言（如創四十九章、《十二族長遺訓》〔*The Testaments of the Twelve Patriarchs*〕）。[9] 在這文本中，那位臨終的家長在其病榻中向其家人提出一個指示，表露出他對周圍的家族成員之未來的關注。由於無法想像這些受教者的將來會是怎樣，因此，傳道書的寫作手法便近似於某些在埃及墳墓中被發掘的那些描述墳墓主人的一生的自傳，以及類似於希臘羅馬墳場的亡者的墓誌銘。自傳式遺訓、猶太遺囑與傳道書之間有著許多共同元素：教師（在生者或亡者）的第一人稱聲音、列舉教師一生的成就（二 1 ～ 11），以及向訪墓者及其後裔或學生，提供以單一主題（忠誠、忍耐等）而整合的有關道德與傳統的內容。在傳道書中隱含的敘事者被認定為傳道者（「一個〔可能是〕教師組織的召集者」）、耶路撒冷的以色列王(一12)以及大衞的子孫(一1)。在這虛構文學作品中,人們間中會聽到第二把聲音,那聲音乃是屬於後來將自己加插於文本中的後期修訂者(特別參考十一9下,十二9～14)。儘管沒有指明這位敍事者是所羅門,但在文本中已暗指他就是這位(已故的)王,他也是在猶太傳統中的智慧的守護者,並且被認為是在東方之中最聰明的人(可比較王上三～十章)。後期編修者的聲音,則是一位傳統聖人在文本中加入他那為審判而提出的警告,而且提供他勸人「敬畏上帝與持守祂的誡律」的忠告,並且柔化敍事者的基本立場(見十一9下,那對人的行為提出神聖判斷的警告)。

傳道者與埃及墓穴碑文

根據其形式特徵,埃及墳墓自傳乃是由三個元素所構成:一個自傳式的敍述、關於道德的言說,以及指示與規勸。由訪墓者組成的聽眾,乃是亡者的家庭成員以及其他認識亡者的人,也包括一些陌生人。當中的敍述通常包含開首的標題與墓主的功績,在其中透過對其生活的敍述以讓人導覽亡者的一生,而得以讓參訪者進行觀察。亡者的特徵通常包括:聰明、智慧、仁慈與具信心地完成對神靈在禮拜上的義務、逃避邪惡、對統治者的忠誠、為家族與其他埃及人，特別是窮人負上責任。對道德生活的獎賞包括：健康、財產、長壽、子嗣、為來生的需要而進行的一個恰當的喪禮，以及對來生的承諾。與傳道者作比較時，要特別注要的是，傳道者所強調的是愉悅，以及生活的滿足與知足所帶來的安逸。有時候，來訪者會被提醒要對自身的道德觀作出反省。最後，訪墓者會被敦促去透過哀思的悼詞，而獻上真實與神祕的禮物與犧牲品。這些自傳的目的，是要展示亡者曾經以正義（*ma'at*）的原則而活在世上，以提供一個有力的例示，讓亡者得以進入來生，並且在其中得到持續的供給，讓他們在來世的生命得以維持。

傳道者與希臘—羅馬墓穴碑文[10]

特別是在希臘—羅馬時代，懷疑論在希臘哲學學術圈之中成為一種流行的形式，那透過非猶太教、非基督教的希臘時代後期與羅馬時代的墓穴碑文而喚起的絕望與悲觀主義，成為了人們性情的一部分。希臘與羅馬墓誌銘並未沿襲一個特別的規範形式，儘管當中通常會存在敍述者、亡者的聲音，以及由訪墓者組成的聽眾。要特別注意的是，對諸神的專橫所作的一般指涉，能夠揭穿報償正義學說的假面具，這是由於神性的多變與不公平，甚至那具破壞性的天命，都被加諸於眾神之廟的諸神身上。當然，在人類活動與經驗中根深蒂固地確立的命運，乃是被魔伊賴（Moira）或奧林帕斯諸神（Olympian gods）所決定的。命運被認定為如此具有力量且不可逃避，甚至連諸神也無法逃避命運的結果。[11] 在戰爭與經濟脅迫所引發的不穩定政局中，這種氛圍似乎得到強化。悲觀主義時期也反映著一個關於來世的陰鬱觀點，那就是拒絕來世，或認為來世是悲傷和脆弱的，並且是一個被幽暗所籠罩的存在。在對來世的承諾之中，生命之的德性與榮譽的成就、生活的記憶，以及喜悅的經驗都被高度的重視。

在傳道書中，「命運」或「定數」（*qlx*）反映出這希臘的概念；只有在傳道書中，「上帝」才是決定一個人的命運的「上帝」，並認為命運是不可逃避的（二 14，九 10）。因此，命運特別定意要將死亡給予所有人，而無關乎人的道德特質與所達到的智慧層次（九 2～3）。所有人就像野獸那樣死亡（三 17～22）。不過，一個男人的積極命運卻是去與他們所愛的女人一起享受生命

（九9）、享受人類的勞動、參與宴會（「吃吃喝喝」），以及增加那年輕的感覺。

傳道書與在希臘—羅馬時代的猶太墓誌銘[12]

在希臘化與羅馬時代，猶太墓穴碑文都有著不同的內容。亡者向訪墓者所言說的話的普遍樣式，以及亡者的一些詳細生平，當中包括其德行與後代，以及其他多樣的內容：對來世的失望與不抱希望，乃至期望透過靈魂的不朽或更為普遍的是認為透過復活，而進入未來的世界。有些猶太人的墓誌銘卻充滿著以下的悲戚絕望：

利安托波力斯（Leontopolis）猶太婦女的希臘墓誌銘

這位已故的婦人在一世紀埃及的「歐尼亞斯（Onias）之地」被拜訪。[13]當中發生的是「說話的石柱」（墓碑）與墓中亡者之間的對話。

> 說話的石柱：「住在黑暗墓地中的人你好？告訴我你屬於哪個國家，以及你的生平。」
>
> 「我是亞賽諾伊（Arsinoe）、雅林（Aline）與狄奧多修（Theodosios）之女。撫育我的是著名的歐尼

亞斯之地。」

「當你多大時滑入這黑暗的斜坡？」

「在二十歲時，我就前往死人的悲傷之地。」

「你結婚了嗎？」

「我結婚了。」

「你有為他留下子嗣嗎？」

「當我前往冥府時，我並未為他留下子嗣。」

「希望塵世——亡者的守護者，光照你。」

「而對於你這位陌生人，希望她擁有豐富的出產。」

於第十六年，Payni 21

一個孩童之死：來自利安托波力斯的一篇猶太墓穴碑文[14]

利安托波力斯位於尼羅河三角洲地區的中心地帶。在托勒密六世非路米德（Philometor；公元前 180～145 年）的統治時代，由奧尼阿斯（Onias）四世所建立的一座模仿耶路撒冷聖殿而建的聖殿。他是猶太人在流亡時期中最高級的神職人員。由於那些逃離猶大西流基王朝（Seleucids）壓迫之難民的湧入，這個猶太殖民地得以持續成長。作為一個自三世紀以來具有活力、成長中的城市，卻因為大革命（Great Revolt）而需要關閉其聖殿，而使其城鎮逐漸走向衰落。[15]

在以下的猶太墓誌銘中，亡者與不知名的敘事者，在最後都參與了一場悲傷的哀悼。以具韻律的希臘文書寫到：

> 看到我那墓石的路人，當你注視時，請哀悼；
> 為了一個五年的歲月，用你的手擊掌五次。
> 為了年輕而未婚，卻躺在墓室裏的我。
> 我的父母所承受的傷痛，跟那為他們帶來歡樂
> 的兒子所承受的傷痛一樣。
> 我的朋友想念他們的同伴與玩伴。但我的身體
> 卻躺在那不可能的地方。
> 哀悼者說：對於那些因各種德行而廣為人知的
> 人，若他過早的離去，最好的悼念方式莫過於此。

死亡就如嫁給黑帝斯：一個來自利安托波力斯的墓誌銘[16]

在利安托波力斯，一個刻寫在墓誌銘上的具韻律

性的碑文寫著：死亡就如嫁給黑帝斯（Hades），或就像那在生活經驗中的喜悅被這個婚禮所替代。在這墓誌銘中，亡者是一個年輕女子，她對其訪墓者說到：

為我哀悼，陌生人，一個待嫁的處女，
她從前在大屋中閃耀。
為到，飾以美麗的新娘禮服，卻過早地接收
這可恨的墳墓作為我的新房。
為到，當一個狂歡者的噪音已在我的門邊響起，
說我已經離開我父親的房子，就像花園裏的玫瑰
由春雨所滋養，
突然間，黑帝斯出現了，並將我搶去。

未來的希望與在貝特・舍阿里姆的猶太墓誌銘

貝特・舍阿里姆（Beth Shearim）是一個建立於公元前一世紀的猶太城鎮，而那大墓地（necropolis）則座落於海法（Haifa）附近。在二十個地下墓穴中，那些標記廣泛地標誌著從第二到四世紀的年份。在其中，人們可以發現許多反映著鄉民對死亡的看法的墓誌銘。

這墓誌銘是向訪墓者、亡者母親的朋友的演說，

並由亡者的母親所誦讀：

> 這墳墓有著卡蒂利亞（Karteria）那萎縮的遺體，
> 永遠保存著一個高貴女子的輝煌的記憶。
> 詹諾比（Zenobia）把她帶來並安葬，因而滿足她母親的要求。
> 對你而言，她是最受祝福的女人，你的後裔，
> 從你溫暖的子宮中出生的人，你虔敬的女兒——因為在凡人的眼中，她的行為總是值得嘉許的——
> 建立這紀念碑，如此，即便生命的期限終結，
> 你們都將再次享有新的、不可毀滅的豐饒。[17]

在猶太墓誌銘中，視死亡為睡眠以及向來生的過渡

希臘—羅馬及猶太的墓誌銘傾向將死亡描述為「睡眠」。這公式（「願他／她／他們／你在平安中沉睡」）是對亡者所作的一般告誡。一方面，可以將之理解為隱含的末世論式慣用語；然而，這亦很可能表達著倖存者希望他們所鍾愛之人的安息能不被侵擾（見一般的舊約文句：「歸到列祖裏」；如：創十五15，二十五8，三十五

29，三十七35，四十九3；王下二十二20）。在希伯來聖經中，死亡也被描繪為睡眠，例如詩篇十三章3節。在猶太墓誌銘中，希望亡者不受侵擾就是指墳墓不受褻瀆。在後期的猶太教中，即傳道者之後的時代，卻有不少墓誌銘——特別在貝特．舍阿里姆與利安托波力斯所發現的——暗示在死亡中存在著過往那些公正、虔信的祖先，所以這永恆生命或某種死而復生觀念是可以被展望的。

異教徒的墓穴碑文

在希臘異教徒的墓穴碑文中，希臘化時期的希臘世界與羅馬帝國常常表現關於死亡與墓穴那根深蒂固的悲觀主義。在後期的希臘化時期與羅馬時代初期的猶太墓誌銘中，有一些對這個題目的混合觀點，即對這論點有同意之處，亦有著一些反對之處。在希臘與希臘化的社會中，那些早於新約聖經的書寫，產生了很多談及死亡與來生的碑文。當中，大約有五萬個希臘墳墓雕刻與二千個猶太的墳墓碑文，加上四十萬個基督徒的拉丁文墳墓碑文。佩雷斯（Peres）從中認出其中的四百篇碑文，是正面地論及那超越墳墓的祝福之地，包括提及那些受祝福的小島、極樂世界（Elysium）、陰間、奧林帕斯與天堂。大約有三百篇碑文表達出對某種方式的死後世界的普遍希望。這些碑文的寫作日期為公元前三世紀年到公元二世紀，並且是在希臘、小亞細亞（Asia Minor）、敍利亞（Syria）、義大利，以及博斯普魯斯海峽（Bosporus Strait）的邊界城市中被發現的；在匈牙利（Hungary）、利比亞（Libya）的希臘殖民地與城市中，也發現到這些碑文的存在。

在希臘及其殖民地，以及那些受希臘化影響的國家之中，都有著一個普遍的觀點，就是認為人在死亡後會回到塵世或冥府（近似於約伯談到的，從母親的子宮赤裸裸的到來〔塵世〕，並從死亡處回歸；伯一21）。生命得以維持，但卻只限於短暫的瞬間，而那給予生命的氣息也不能被保留。這些觀點反映於希臘墓誌銘，以及許多公元前三世紀及其後的猶太墓誌銘之上。有時，這種回到起始的想法，會反映在猶太人的地府概念之中，即地府是人們在死亡中，人的靈（*nephesh*）所遊歷的地方。因此，古希臘人相信在面對死亡的現實中，我們要接受死亡乃是不可避免的。不管人們是否為到失去生命而悲傷，或尋求方法以維持生命，生命都注定將會終結，並且沒有逃往未來世界的可能。

> 為到所有的喜樂與希望都淹沒在塵世中，
> 在家中，悲傷的母親哀嚎著，
> 為到她的哀悼，甚至連夜鶯也保持沉默。[18]

即便如此，人們卻仍然存在著對永生或某種死後世界的渴望。不過，這並不經常反映在這時期的希臘與羅馬的文學中。這些文學包括在完全成熟的天啟主義出現之前的猶太文學，而這種發展是傳道者所不認同的。他並不認為有任何人可以知道人類的靈是否會上升到天堂，而野獸卻下降到地府的黑暗中（三 20～21）。

缺乏對來世的盼望

死亡的現實強烈地壓迫著希臘人的人類心靈，而人類卻渴望逃離死亡那冰冷之手；在古典的希臘中，對任何形式的逃脫都不抱有多大的希望。因此，當時出現了一種極度的悲觀主義，並反映在大部分的文學與早期的墓誌銘中。大部分的碑文都視死亡為一個明確用語，這用語乃表示對生命的否定，因為墳墓就是一個人的旅程的終站。在墳墓中，不存在對塵世上已發生或會發生的事的延續記憶。在某些碑文中，甚至表達出一個更加令人恐懼的死亡維度，亦即冥府諸神的到來並將某人拉進陰暗的領域。在有關死亡之神將那些不願意的將死之人帶到冥府之描述中，我們可以找到同樣的意象。因此，許多石刻讀起來都很簡潔：「沒有人是永生的。」這語句的變化形則是「在塵世的人是沒有永生的」。

一篇羅馬碑文

一篇屬於羅馬赫密斯（Hermes）的碑文（公元二至三世紀）寫著：

> 我從前不是，然後我成為了；
> 我曾經是，而現在卻不是。
> 就是這樣。[19]
> 如果有人所宣稱與這不同，他就是在說謊了。
> 我將不會再次存在。

佩雷斯指出，這個以及相類似的墓誌銘，代表著一種特別流行於生活在大城市的菁英們之中，他們對於生命的觀點。他們被文化生活中的戲劇與對享受生活的慾望所啟發。那對生命的喜悅的強調，以及來自墳墓的終結的悲觀主義，都是希臘碑文中的普遍主題。舉例來說：「在這個時候好好享受所有的美好事物，只要你仍然感受到慾望。」這全然地反映著傳道者的觀點。

有一篇類似的碑文，否定在黑帝斯中有一個引渡者、卡隆(Charon)、艾亞哥斯(Aiachos；地府的判官)，以及可魯貝洛斯(Kerberos；地獄之門或黑帝斯的守護者)。一篇在公元前四世紀到公元前三世紀所撰寫的碑文這樣寫到：

> 我們埋在這墳墓底下的人，
> 都只是塵埃與枯骨而已。[20]

人們偶爾會發現一些對死後生命之可能性的關注，並對悲觀主義提出質疑，這種觀點在《歐里彼得斯殘篇》(*Euripides Frag.* 638)中表達出來：

> 誰會知道生命只是死亡，
> 還是那被我們稱作死亡的，在其後的卻就是生命。[21]

最後，命運（fate）或時運（fortune），有時會被具體化為諸神，並在希臘碑文上扮演著重要的角色。魔伊賴這個詞語，在本質上的意思是：「定數」、「部分」或「分配」，近似於傳道書中的「命運」或「定數」。在希臘化時代那些希臘人的理解中，人們常常會發現這樣的觀念：人類的「命運」就是投入生活，盡可能的享受所擁有的好運，以及接受在死亡中那生命的終結。這一切就構成了人類的命運。因此，一篇在公元前二世紀的結束時所撰寫的墓穴碑文，以非常簡潔的筆觸寫到：

> 命運確定了費隆（Philo）所得到的是一個苦難的終結。[22]

三　結論

現在清楚的是，傳道者對死亡的懷疑論觀點，在托勒密埃及與古希臘至早期羅馬世界的希臘墓誌銘之中，乃是一種普遍觀點。他的懷疑論乃始於當他面對一位拯救人及慈愛的上帝時，他卻發現到自己沒有能力對祂進行想像，也不能將那對祂的理解帶進生活中。當然，我們不可能知道傳道者有沒有閱讀過古代的哀悼碑文，但明顯的是，他的理解跟許多與猶大有過接觸的希臘—羅馬文化是共通的。相反的，從死亡中復活或永生的概念，在他那個時代的墓誌銘文學中都是一個罕見的表達。傳道者對於生命氣息在未來的延續，仍然持有懷疑論的立場。在他那有限的想像中，他只可以總結到，死亡是在人類努力求生中最後的勝利者。

就著這個猶太文本的一般語調而言，它也具有希臘時期的哲學性及希臘懷疑論的一些重要的特質。這種懷疑論，結合那些從異教徒及猶太人的碑文而來的證據，都證明這個猶太人的遺囑，即傳道書，是在一個悲觀主義在文學、哲學與碑文中皆為主流基調的時代中所撰寫的。「所有人都走向同一個地方；所有人都來自塵土，並且都將再次回歸塵土。」

註釋

第 1 章　聖經神學中的上帝

1. Mary Warnock, *Imagination*〔《想像》〕(London : Faber & Faber, 1976), 10.
2. 我使用克賴茨(Stephen Crites)的定義，參"Unfinished Figure: On Theology and Imagination,"〔〈未完成的圖像：論神學與想像〉〕in *Journal of The American Academy of Religion , Thematic Issue*〔《美國宗教學院期刊(專題)》〕, 172；儘管他主張想像只包含形成那並非直接從感知或感覺中獲得形象的能力。
3. Robert Scharlemann, "Transcendental and Poetic Imagination,"〔〈超越的與詩性的想像〉〕in Mary

Gerhart and Anthony Yu ed., *Morphologies of Faith*〔《信仰的語形學》〕(AAR Studies in Religion 59; Atlanta: Scholars, 1990), 109 ~ 122.

4. 沙勒曼（Robert Scharlemann）稱這兩種傳統想像形態為超越的（transcendental；我稱之為「一般」〔common〕）與詩性的（poetic；我稱之為創造性〔creative〕）:「超越的與詩性的想像」的另一個名字是複製與生產。

5. Warnock, *Imagination*, 202. 在這論述中，瑪麗．沃諾克（Mary Warnock）談到在創造一個生動、令人讚歎、真實的形象中所經驗到的「想像的愉悅」。

6. Warnock, *Imagination*, 10.

7. Amos Niven Wilder, *Theopoetic: Theology and the Religious Imagination*〔《詩文神學：神學與宗教的想像》〕(Philadelphia : Fortress Press, 1976).

8. 見 Paul Ricoeur, *Time and Narrative*〔《時間與敘事》〕, 2 vols. (Chicago: University of Chicago, 1984, 1985)；"Biblical Hermeneutics,"〔〈聖經詮釋學〉〕in John Dominic Crossan ed., *Semeia 4: Paul Ricoeur on Biblical Hermeneutics*〔《賽邁亞〔四〕：利科論聖經詮釋

學》〕(Missoula: Scholars Press, 1975), 29～146；"The Narrative Function,"〔〈敍事的功用〉〕in *Semeia 13*（1978）, 177～202；以及 Lewis Mudge ed., *Essays on Biblical Interpretation*〔《聖經詮釋文集》〕（Philadelphia: Fortress, 1980）, 75～79。

9. 見 Ricoeur, *Time and Narrative*；"Biblical Hermeneutics," 29～146；"The Narrative Function," *Semeia 13* , 177～202；以及Mudge ed., *Essays on Biblical Interpretation*, 75～79。

10. 見 Gary Comstock, "Truth or Meaning,"〔〈真理或意義〉〕in *Journal of Religion*〔《宗教期刊》〕66/2（Apr. 1986）, 117～140。

11. 若要一個對想像的精簡描述，可參 A. R. Manser, "Imagination,"〔〈想像〉〕in *Encyclopedia of Philosophy*〔《哲學百科全書》〕4（1967）, 136～138。曼斯（A. R. Manser）著重康德（Immanuel Kant）的觀點，認為想像是「形成非直接來自感官的心靈形象、或其他概念的能力」，由於感覺資料是破碎及未完成的，想像讓人能即時感知整體。康德將這種理解發展下去，主張生產性的想像（productive imagination）將人類的經驗綜合為一個單一、具關連性的整體，並讓世界與人類對世界的經驗融貫一致。

12. 這結論來自 Ricoeur, "The Narrative Function"。

13. Hayden White, *Metahistory. The Historical Imagination in Nineteenth-Century Europe*〔《後設歷史：在十九世紀歐洲的歷史性想像》〕(Baltimore: Johns Hopkins, 1973)；也可參看他的一篇論文："The Value of Narrativity in the Representation of Reality,"〔〈敘事性在現實的表象中的價值〉〕in *Critical Inquiry*〔《批判性的提問》〕7 (1980), 5～27。

14. 巴爾(James Barr)注意到聖經的描述不只是簡單地重述歷史，同時它也不是純粹的虛構作品。確實，聖經描述與歷史的關係是「一種螺旋型，同時向前、向後地穿梭歷史中，有時接觸它並與之重疊。只是，聖經的描述有多貼近歷史，或它與歷史相距多遠，會是個有趣的問題：我們應接受此為永不能被解決的問題("Some Thoughts on Narrative, Myth and Incarnation,"〔〈對敘事、神話與道成肉身的一些想法〉〕in A. E. Harvey ed., *God Incarnate : Story and Belief*〔《上帝道成肉身：故事與信念》〕(London : SPCK,

1981）, 14。

15. White, *Metahistory*.

16. R. G. Collingwood, *The Idea of History*〔《歷史的理念》〕（Oxford: Clarendon Press, 1946）；以及 John P. Hogan, "The Historical Imagination and the New Hermeneutic: Collingwood and Pannenberg,"〔〈歷史性想像與新的詮釋學：柯林烏與潘能伯格〉〕in Robert Masson ed., *The Pedagogy of God's Image: Essays on Symbol and the Religious Imagination*〔《上帝形象的教學法：關於象徵與宗教性想像的論文》〕（Chico: Scholars, 1983）, 9～30。

17. 除布魯格曼外，亦可參考柯林斯（John J. Collins）的研究：John J. Collins, *Apocalyptic Imagination: An Introduction to the Jewish Matrix of Christianity*〔《天啓式的想像：基督教的猶太根源》〕（New York: Crossroad, 1984）；以及"Is a Critical Biblical Theology Possible?"〔〈批判的聖經神學是否可能〉〕in William Henry Propp ed., *The Hebrew Bible and its Interpreters*〔《希伯來聖經及其詮釋者》〕（Winona Lake: Eisenbrauns, 1990）, 1～17。

18. Walter Brueggemann, *Hopeful Imagination. Prophetic*

Voices in Exile〔《盼望的想像：在被擄時期的先知聲音》〕(Philadelphia: Fortress, 1986).

19. Walter Brueggemann, "A Shape for Old Testament Theology, I: Structure Legitimation,"〔〈舊約神學概論〔一〕：合法結構〉〕in *Catholic Bible Quarterly*〔《公教聖經季刊》〕47 (1985), 28～46；以及 "A Shape for Old Testament Theology, II: Embrace of Pain,"〔〈舊約神學概論〔二〕：擁抱痛苦〉〕in *Catholic Bible Quarterly* 47 (1985), 395～415。

20. Brueggemann, "A Shape for Old Testament Theology, I", 30.

21. Brueggemann, "A Shape for Old Testament Theology, I", 42.

22. Brueggemann, "A Shape for Old Testament Theology, II", 398.

23. Walter Brueggemann, *The Land*〔《那地》〕(Philadelphia: Fortress, 1977)；*Living Toward a Vision*〔《邁向異象的生活》〕(Philadelphia: United Church Press, 1982)；*Hopeful Imagination*〔《盼望的想像》〕(Philadelphia: Fortress, 1987)；*The Prophetic Imagination*〔《先知式的

想像》〕（Philadelphia: Fortress, 1987）；*Hope Within History*〔《在歷史中的盼望》〕（Atlanta: John Knox, 1987）；*Power, Providence and Personality. Biblical Insight into Life and Ministry*〔《能力、護祐與品格：聖經中關於生命與使命的洞見》〕（Louisville: Westminister / John Knox, 1990）；以及 *Interpretation and Obedience*〔《詮釋與順從》〕（Minneapolis: Fortress, 1991）。

24. Walter Brueggemann, *Theology of the Old Testament: Testimony, Dispute, Advocacy*〔《舊約聖經神學：證詞、爭議、主張》〕（Minneapolis: Fortress Press, 1997）。以下對這種神學的討論，乃取材自我的一篇評論文章："Adhering to Israel's God,"〔〈追隨以色列的上帝〉〕in *Christian Century*〔《基督教世紀》〕115（May 20～27, 1998）, 524～531。

第 2 章　箴言中的上帝

1. Jon L. Berquist, *Judaism in Persia's Shadow*〔《在波斯影子下的猶太教》〕（Minneapolis : Fortress Press, 1995）.
2. Paul Hanson, *Dawn of Apocalyptic : The Historical and*

Sociological Roots of Jewish Apocalyptic Eschatology*〔《天啟主義的黃昏：猶太天啟式末世論的歷史與社會性根源》〕（Philadelphia: Fortress Press, 1975）.

3. Hanson, *The Dawn of Apocalyptic.*

4. Hanson, *The Dawn of Apocalyptic* .

5. James L. Crenshaw, "The Birth of Skepticism in Ancient Israel,"〔〈古代以色列懷疑主義的誕生〉〕in James L. Crenshaw , Samuel Sandmel ed., *The Divine Helmsman*〔《神聖舵手》〕（New York : Ktav Pub. House, 1984）, 1～19.

6. James L. Crenshaw, "Human Dilemma and Literature of Dissent,"〔〈人的困境與異見文學〉〕in Douglas A. Knigh ed., *Tradition and Theology in the Old Testament*〔《舊約中的傳統與神學》〕（Philadelphia : Fortress Press, 1977）, 235～258.

7. Christa Bauer-Kayatz, *Studien zu Proverbien 1～9*〔《對箴言一至九章的研究》〕（Neukirchener Verlag, 1966）.

8. Bernhard Lang, *Wisdom and the Book of Proverbs*〔《智慧與箴言書》〕(New York: Pilgrim, 1986) .

9. Walter Bühlmann, *Vom rechten Reden und Schweigen:*

Studien zu Proverbien 10～31〔《話語權與沉默：對箴言十至三十一章的研究》〕（Universitatsverlag, 1976）.

10. De Boer, P. A. H. "The Counselor,"〔〈輔導者〉〕in M. Noth and D. Winton Thomas eds., *Wisdom in Israel and in the Ancient Near East*〔《以色列與古代近東的智慧》〕(Leiden: E. J. Brill, 1995).

11. Roland Murphy, "Wisdom and Eros in Prov. 1～9,"〔〈箴言一至九章的智慧與愛慾〉〕in *Catholic Bible Quarterly* 50（1988）, 600～603.

12. Othmar Keel, *Die Weisheit Spielt vor Gott*〔《在上帝前的智慧》〕（Universitatsverlag Freiburg Schweiz, 1974）.

13. Leo G. Perdue ed., *Families in ancient Israel*〔《古代以色列的家庭》〕（Louisville: Westminster John Knox Press, 1997）, 191.

14. Keel, *Die Weisheit Spielt vor Gott.*

第 3 章 傳道書中的上帝

1. 見 R. J. Hankinson, *The Sceptics*〔《懷疑論者》〕（London: Routledge, 1995）；以及 A. A. Long and D. N. Sedley,

The Hellenistic Philosophers〔《希臘時期的哲學家》〕（Cambridge: Cambridge University Press, 1987）。

2. 他的著作全都散佚，其最廣為人知的學生弗利奧斯的提蒙（Timon of Phlius），卻保存了由塞克斯都斯·恩比利克斯（Sextus Empiricus）所記錄與詮釋的皮浪學說：*Outlines of Pyrrhonism*〔《皮浪主義概述》〕（Loeb Classics; London: W. Heinemann, 1933）。

3. Svavar Hrafn Svavarsson, "Pyrrho's Undecidable Nature,"〔〈皮浪的未定型本性》〉in *Oxford Studies in Ancient Philosophy*〔《牛津古代哲學研究》〕27（2004）, 249～295.

4. 對於霍米·巴巴（Homi K. Bhabha）來說，各種文化都是混合的，而不是分離的實體。沒有所謂單一文化能不跟其他文化交匯而受影響。改變的發生需要在思想與活動上作出適應，以至重新被確立。這意指其中一種混合的文化，就是懷疑論學派的哲學與東方的道德教導——以傳道者這類聖者的作品為代表——發生交匯並進行調整（Homi K. Bhabha, *The Location of Culture*〔《文化的位置》〕[Routledge Classics; London: Routledge, 2004]）。

5. 有關阿昔西勞斯的研究，見 Long and Sedley, *The Hellenistic Philosophers*, Vol. 1；John M. Cooper, "Arcesilaus: Socratic and Skeptic,"〔〈阿塞西勞斯：蘇格拉底與懷疑論者〉〕in John M. Cooper ed., *Knowledge, Nature, and the Good*〔《知識、本性與善》〕(Princeton: Princeton University Press, 2004), 81～103。

6. *akatalêpsia* 的意思是絕對知識或真理是可以被認知的。

7. *epoché* 這一詞是指對判斷的懸擱，因為沒有事物能透過理性或經驗而被確認為真。

8. 二 24～26，三 12～13，三 22，五 17～19，八 15，九 7～10 及十一 7～10。

9. 見 Max Küchler, *Frühjüdische Weisheitstraditionen. Zum Fortgang weisheitlichen Denkens im Bereich des frühjüdischen Jahweglaubens*〔《早期猶太傳統智慧。智慧思維在早期猶太雅威主義領域中的發展》〕(Orbis biblicus et orientalis 26; Göttingen: Vandenhoeck & Ruprecht, 1979), 319～547；Eckhard von Nordheim, *Die Lehre der Alten 1 & 2*《古老的教導（一、二）》〕(Arbeiten zum Literatur und Geschichte des Hellenistischen Judentum

13; Leiden: Brill, 1980）以及 James H. Charlesworth, ed., *The Old Testament Pseudepigrapha, Volume 1: Apocalyptic Literature and Testaments*〔《舊約偽經，卷一：天啟文學與遺訓》〕（The Anchor Yale Bible Reference Library; New Haven: Yale University Press, 1983）。

10. Imre Peres, *Griechische Grabinschriften und neutestamentliche Eschatologie.*〔《希臘碑文與新約聖經末世論》〕（WUNT 157; Tübingen: Mohr Siebeck, 2003）

11. 戴勒菲神諭（Delphic Oracle）告訴利底亞（Lyidan）的探查者「沒有人，甚至神，可以逃離那注定了的命運」。（Joseph Eddy Fontenrose, *The Delphic Oracle, its Responses and Operations, with a Catalogue of Responses*〔《戴勒菲神諭，其回答與行動，附回答的目錄》〕[Berkeley: University of California Press, 1978]；及 *The Oracle: The Lost Secrets and Hidden Messages of Ancient Delphi*〔《神諭：古代戴勒菲的遺失的祕密與隱藏的信息》〕[New York: Penquin Press, 2006]）。在荷馬（Homer）那裏，命運（*moira*）是一種非人格的力量，而且被比喻為奧林帕斯諸神的確定性。在荷馬以

後，命運被人格化為三個老嫗，她們紡織著人類的命運之線。她們的名字是可羅索（Klotho；紡織者）、拉赫西斯（Lachesis；貨品的分配者）、與阿特洛波絲（Atropos；不可改變的，亦即，那位不可逆轉的）。

12. Jan Willem van Henten and Pieter van der Horst eds., *Ancient Jewish Epitaphs*〔《古代猶太的碑文》〕（Leiden: Brill,1994）。另見 Pieter W. van der Horst, *Ancient Jewish Epitaphs. An Introductory Survey of a Millennium of Jewish Funerary Epigraphy（300 BCE～700 CE）*〔《古代猶太碑文：對一千年的猶太碑文的初步調查（公元前三〇〇年至公元七〇〇年）》〕（Kampen: Kok Pharos, 1991）；"Das Neue Testament und die jüdische Grabinschriften aus hellenistisch-römischer Zeit,"〔〈新約聖經與希臘羅馬時代的猶太墳墓碑文〉〕in *BZ* 35（1992）, 161～178；及 William Horbury and David Noy, *Jewish Inscriptions of Graeco-Roman Egypt with an Index of the Jewish Inscriptions of Egypt and Cyrenaica*〔《希臘羅馬統治時期的埃及碑文。附埃及與昔蘭尼加的猶太碑文索引》〕（Cambridge: Cambridge University, 1992）。

13. Jean-Baptiste Frey, *Corpus Inscriptionum Judaicarum*, 1～2（Rome: Pontificio instituto di archeologia cristiana, 1936～1952）；以及 Victor A. Tcherikover ed., *Corpus Payrorum Judaicarum*（Cambridge, MA: Harvard University , 1957 ～ 1964）。關於這篇碑文，可參 *Corpus Inscriptionum Judaicarum / Corpus Payrorum Judaicarum*, 1530。

14. *Corpus Payrorum Judaicarum*, 3, 158。霍斯特（Van der Horst）曾經複製這些希臘文（*Ancient Jewish Epitaphs*, 46, fn. 267）。

15. John S. Holladay Jr, "Yahudiyya, Tell el-," D. B. Redford ed., *The Oxford Encyclopedia of Ancient Egypt III*,〔《牛津古代埃及百科全書（三）》〕（Oxford: Oxford University Press 2001）, 527～529.

16. 參看 *Corpus Payrorum Judaicarum*, 3, 156。霍斯特在 *Ancient Jewish Epitaphs* 中，指出其中十五篇具韻律的希臘文碑文，是在猶太的墓碑中發現的；而另外十二篇碑文則是在埃及的萊昂托坡利斯（Leontopolis）中發現的（見 *Corpus Payrorum Judaicarum*, 1451, 1489, 1490, 1508～1513, 1522, 1530, 1530A）。

17. Horst, *Ancient Jewish Epitaphs,* 153.

18. Peres, *Griechische Grabinschriften*, 25.

19. Peres, *Griechische Grabinschriften*, 27.

20. 佩雷斯引用另一個公元二至三世紀的羅馬碑文，談到關於物質方面的生活：「關注於你活多久……並且依照你的欲望而活。因為沒有火的溫暖與誘人的美食……沒有人死後可以從墳墓中以新生之姿醒來」（Peres, *Griechische Grabinschriften*, 28～29）。另一段碑文（頁 29），則提到，亡者在其一生中所積累的物品中，只有墳墓會跟他一起步進死亡。

21. Peres, *Griechische Grabinschriften*, 33.

22. 一個在公元前二世紀，建立在摩斯島的墓誌銘。

系統神學叢書

進入聖言思想的殿堂，剖示神學的方法及基礎。

如此我信——基督教教義導引
The Christian Faith: An Introduction to Christian Doctrine
根頓（Colin E. Gunton）著／趙崇明、鄧紹光 譯／HK$108

基督、聖靈與救贖：基督教要義導覽
陳若愚 著／HK$118

上帝論：全球導覽
The Doctrine of God: A Global Introduction
卡維里（Veli-Matti Kärkkäinen）著／陳永財、蔡錦圖 譯／鄧紹光 學術審閱／HK$138

基督論：全球導覽
Christology: A Global Introduction
卡維里（Veli-Matti Kärkkäinen）著／陳永財 譯／鄧紹光 學術顧問／HK$153

聖靈論：全球導覽
Pneumatology: The Holy Spirit in Ecumenical, International and Contextual Perspective
卡維里（Veli-Matti Kärkkäinen）著／陳永財 譯／鄧紹光 學術顧問／HK$93

教會論：全球導覽
An Introduction to Ecclesiology: Ecumenical, Historical & Global Perspectives
卡維里（Veli-Matti Kärkkäinen）著／陳永財 譯／鄧紹光 學術顧問／HK$118

基督教教義淺析
A Primer for Christian Doctrine
約拿單·威爾遜（Jonathan R. Wilson）著／李金好 譯／HK$73

基督教三一論淺析
The Trinity
奧爾森（Roger E. Olson）、霍爾（Christopher A. Hall）著／蔡錦圖 譯／HK$63

基督教基督論淺析
Jesus Now and Then
伯理奇（Richard A. Burridge）、古爾德（Graham Gould）著／區秉中 譯／HK$98

基督教詮釋學淺析
A Short Introduction to Hermeneutics
賈思柏（David Jasper）著／紀榮神 譯／HK$73

聖經研究叢書　探索與鑽研神的話語，傳承真理。

基道釋經手冊
Introduction to Biblical Interpretation
(Revised and Expanded)
威廉·克萊因(William W. Klein)、克雷格·布魯姆伯格(Craig L. Blomberg)、羅伯特·哈伯德(Robert L. Hubbard, Jr.)合著／邵樟平 學術顧問／蔡錦圖 主編／HK$258

雅各書註釋
張略 著／HK$148

記號——耶穌的先知式和預示式行動
The Signs of a Prophet: The Prophetic Actions of Jesus
何蒙娜(Morna D. Hooker)著／郭靈飛 譯／HK$58

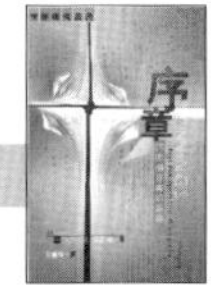

序章——開啟福音書的鑰匙
Beginnings: Keys that Open the Gospels
何蒙娜(Morna D. Hooker)著／郭靈飛 譯／HK$38

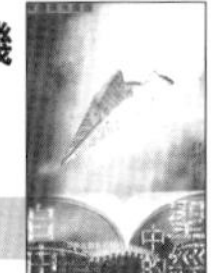

聖經中的自由——從基督教觀點反思當代社會的自由危機
God and the Crisis of Freedom: Biblical and Contemporary Perspectives
包衡(Richard Bauckham)著／陳永財 譯／HK$118

跨界福音——後現代世界裏的基督徒見證
The Bible and Mission: Christian Witness in a Postmodern World
包衡(Richard Bauckham)著／李金好 譯／HK$48

啟示錄神學
The Theology of the Book of Revelation
包衡(Richard Bauckham)著／鄧紹光 譯／HK$88

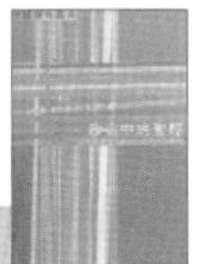

政治中的聖經——從政治角度閱讀聖經的原則與範例
The Bible in Politics: How to Read the Bible Politically
包衡(Richard Bauckham)著／廖惠堂 譯／HK$83

聖經導論叢書

一套高質素的原著作品，適合華人神學院和資深信徒使用的教材！

新約歷史與宗教文化導論

黃錫木、孫寶玲、張略 合撰／HK$93

在學習聖經的過程中，一般人都只專注於經卷的內容，而忽略了「聖經背景」的重要性，甚至認為它是可有可無的。然而，若要正確理解聖經經文所傳達的內容，我們必須從它們的處境出發。要成功地進入經文的世界，對經文的歷史和文化背景的認識是不可缺少的。全書分兩大部分：歷史篇遠溯至希羅文明的源頭，並介紹「兩約之間歷史」、「新約歷史」及「猶太散居地」。至於，宗教文化篇則分別介紹「新約世界的希羅宗教」和「猶太人的基本信念與實踐」，主要論及有關的宗教文化概念與神學思想。

福音書總論與馬可福音導論

黃錫木 編著／HK$83

聖經正典與經外文獻導論

鮑維均、黃錫木 等著／HK$118

使徒行傳導論

袁天佑 著／HK$83

加拉太書導論

郭漢成 著／HK$63

啟示錄導論

吳獻章 著／HK$78

緊扣時代 服事教會

以文字傳揚基督真道

讀者意見表

衷心多謝你購買本社書籍。本社一直致力以出版事工服事教會，幫助信徒扎根於神的話語，促進靈命增長。為使我們的出版更能滿足你的需要，請填寫下列各項資料，並寄回或傳真予本社。

所購書籍：________________

本書最吸引你的地方：

□作者 □適切性 □文筆 □設計 □實用性

□其他：________________

購買本書地點：

□基道書樓 □基督教書店 □非基督教書店

性別：□男 □女 職業：________________

信仰：□基督徒 □非基督徒

年齡：□ 16 歲或以下 □ 17～25 歲 □ 26～35 歲

□ 36～55 歲 □ 56 歲或以上

學歷：□中三或以下 □中五 □預科

□大學 □研究院

□我欲更多了解基道出版社的事工及考慮支持，請寄給我下列資料：

□機構簡介 □新書資料 □基道會員通訊

□《基道文字事工通訊》

姓名：________________ 電話：________________

地址：________________

____

傳真：________________ 電子郵件：________________

其他意見：________________

____

多謝賜教！

意見表可以傳真（2687-0281）或直接郵寄以下地址：

香港沙田火炭坳背灣街26號富騰工業中心1011室

基道出版社編輯部收